中国农业创新经纪人研究

邱 密 ◎ 著

吉林出版集团股份有限公司
全国百佳图书出版单位

图书在版编目（CIP）数据

中国农业创新经纪人研究 / 邱密著. -- 长春：吉林出版集团股份有限公司, 2023.6
ISBN 978-7-5731-3955-9

Ⅰ. ①中… Ⅱ. ①邱… Ⅲ. ①农业技术 – 经纪人 – 研究 – 中国 Ⅳ. ① F323.3

中国国家版本馆 CIP 数据核字（2023）第 127105 号

中国农业创新经纪人研究
ZHONGGUO NONGYE CHUANGXIN JINGJIREN YANJIU

著　　者	邱　密
责任编辑	李　娇
封面设计	李　伟
开　　本	710mm×1000mm　　1/16
字　　数	155 千
印　　张	8.75
版　　次	2024 年 3 月第 1 版
印　　次	2024 年 3 月第 1 次印刷
印　　刷	天津和萱印刷有限公司

出　　版	吉林出版集团股份有限公司
发　　行	吉林出版集团股份有限公司
地　　址	吉林省长春市福祉大路 5788 号
邮　　编	130000
电　　话	0431-81629968
邮　　箱	11915286@qq.com
书　　号	ISBN 978-7-5731-3955-9
定　　价	58.00 元

版权所有　翻印必究

作者简介

　　邱密（1976.10—　　），河北省秦皇岛昌黎人。管理学博士，河北师范大学法政与公共管理学院讲师，硕士研究生导师。曾先后就读于河北师范大学、中国农业大学，分别获文学学士、硕士和管理学博士学位。主持省部级课题3项，校级课题1项。参与省部级课题4项。另参与多项国家精准扶贫工作成效第三方评估项目、国家贫困县退出专项评估检查项目、河北省贫困县退出第三方检查评估项目、河北省脱贫攻坚工作成效考核第三方评估项目、安徽省贫困县退出专项核查第三方评估项目等。

前　言

"条块分割"是中国农业科技创新体系中长久存在的难题，是中国农业科技创新成果转化率低、农业科技对农业产业发展推力不足的体制性原因。随着市场经济体制的确立及深层推进，中国已经形成以市场为导向的农业生产经营格局，农民对于农业技术和科技创新服务的需求呈现出多元化、综合化的趋势，传统的农业技术推广体系和政府统一化的技术服务已经不能满足农业生产经营的现实需要和创新诉求。为了适应新的状况与需求，一些新型的农业科技服务主体开始在农业技术供应方和需求方之间建立起桥梁和纽带，这为中国农业创新服务体系建设探索出了一条全新的发展路径。

本书将那些在农业创新过程中，促进跨界的知识传播、技术扩散和推动技术创新的个人和机构定义为农业创新经纪人，他们通过各种服务和策略使农业知识、科技信息和创新成果为小农户、家庭农场、农商企业等农业生产经营者所接受，并应用于具体的农业生产经营实践和商业化过程中。农业创新经纪人通常采用争取合作对象的信任、不断提高自身信息搜索和社会联结能力、联结不同行动者集体协作等行为策略进行科技创新服务，帮助农业生产经营者表达创新需求、建立农业创新资源整合的创新网络、推动资源整合与集成创新过程等。基于中国农业创新的现实状况以及农业生产经营者对科技创新服务的多重需求，本书主要分析讨论了四种类型的农业创新经纪人：以科技特派员为代表的系统型农业创新经纪人；以农民专业合作社为代表的互助型农业创新经纪人；以农业龙头企业和农资经销代理人为代表的市场型农业创新经纪人；以农业高校科技服务机构为代表的知识型农业创新经纪人。

本书以"行动者为导向"的研究方法为基础，采用观察法和访谈法进行实地调研，通过文献分析法和案例分析法对以上四种不同类型农业创新经纪人的行为动机、行动策略、社会作用等进行研究，发现：农业创新经纪人的农业科技创新服务行为在客观上推动了以"科技创新"为驱动的现代农业发展，完善了农业创新服务体系，加速了中国农业科技成果的转化，改变了传统的以"研究"或"技术"为导向的农业科技推广模式，增加了农户家庭收入、提高了中国农民的整体素质。中国农业创新经纪人服务体系建设是中国推进农业经营体制转换、加速农业现代化、全面提升农业综合生产力的重要举措。

目　录

第一章　国家农业创新体系概论···1
　　第一节　研究背景···1
　　第二节　相关文献研究综述···7
　　第三节　研究设计···17

第二章　农业创新经纪人相关理论···23
　　第一节　国家农业创新体系··23
　　第二节　农业创新经纪人概念界定·····································25
　　第三节　农业创新经纪人的主要功能··································29
　　第四节　农业创新经纪人的行动策略··································32

第三章　中国农业创新经纪人的研究框架···································35
　　第一节　农业创新经纪人的特征·······································35
　　第二节　农业创新经纪人的主要类型··································36
　　第三节　本书分析框架··44

第四章　系统型农业创新经纪人···47
　　第一节　科技特派员制度的产生与发展································47
　　第二节　科技特派员制度设计与发展实践——以"宁夏模式"为例······50
　　第三节　科技特派员农业创新服务的社会作用························62

第五章 互助型农业创新经纪人 ... 65
第一节 农民专业合作社的兴起与发展 ... 65
第二节 农民专业合作社科技服务行为分析 ... 67
第三节 农民专业合作社的社会作用 ... 72

第六章 市场型农业创新经纪人 ... 75
第一节 市场型农业创新经纪人Ⅰ：龙头企业 ... 75
第二节 典型案例：河北秦皇岛嘉诚商贸集团 ... 77
第三节 龙头企业农业科技服务的社会作用 ... 81
第四节 市场型农业创新经纪人Ⅱ：农资经销代理人 ... 83
第五节 农资经销代理人农业科技服务行为分析 ... 87
第六节 农资经销代理人的社会作用 ... 90
第七节 问题与困境 ... 91

第七章 知识型农业创新经纪人 ... 93
第一节 典型案例：中国农业大学"科技小院" ... 93
第二节 "科技小院"农业科技服务行为分析 ... 94
第三节 "科技小院"农业科技创新服务的社会作用 ... 99

第八章 结论与思考 ... 103
第一节 农业创新经纪人对中国农业创新的意义 ... 103
第二节 促进中国农业创新经纪人发展的几点思考 ... 107
第三节 本书的创新与不足 ... 109

参考文献 ... 111

附 录 ... 127

第一章 国家农业创新体系概论

第一节 研究背景

一、实践背景

国家农业创新体系建设是近年来中国农业、农村发展政策讨论的焦点。2004年1月,中国农业科学院在其工作会议上提出建设"国家农业科技创新体系"的方案,设计思路主要是:在现有条件下,依托已有机构,通过"共建、调整、协作、优化",把全国农业科学院联合起来,以提高农业科研的总体质量与运行效率。该计划的总体路线图是用5到10年时间建立1个国家农业科技创新中心,9个区域性国家农业科技创新分中心和50个左右国家级、300个左右省级农业科研综合试验站。毫无疑问,这是中国国家农业创新体系建设史上具有里程碑意义的事件,因为它首次旗帜鲜明地提出了建设国家农业创新体系的总目标。但从根本上讲,这一"国家农业科技创新体系"却带有明显的部门利益,是一种纯粹的"国家农业研究体系",而不是"国家农业创新体系",理由是其考虑的重点是农业科技资源的整合和研究资源的部署,而很少或没有考虑其与农业生产经营主体之间的联动机制,也没有考虑其与农业教育机构之间的互动与协作。

"2007年,农业部、财政部启动实施了以农产品为单元、以产业为主线、服务国家目标的'现代农业产业技术体系',目的在于依托具有创新优势的现有中央和地方科研力量、科技资源搭建产业技术研发中心(由功能研究室组成)和综合试验站两个层级的平台"。国家现代农业产业技术体系建设围绕产业发展需求,进行共性技术和关键技术研究、集成和示范;以农产品为单元,产业为主线,建设从产地到餐桌、从生产到消费、从研发到市场各个环节紧密衔接、环环相扣、服务国家目标的综合体系，有助于提升农业科技创新能力，增强中国农业竞争力。这种探索虽然采用"产业技术体系"的名称，但其目标和着力点却在于促进农业研究、教育、推广和应用的一体化，实现研究机构、农业企业、农村专业合作组织与农民之间的对接和联动，应该看作中国农业科技创新体系建设的一个实质性的举措。

2011年11月，农业部启动和部署了"十二五"农业部重点实验室建设工作，按照学科群部署和建设"农业领域重点实验室"："围绕主要农产品、共性技术和生态类型进行布局设计，形成了以综合性重点实验室为龙头、专业性和区域性重点实验室为骨干、科学观测实验站为延伸的一体化布局，30个学科群包括重点实验室228个、农业科学观测实验站269个"。这是中国"首次在国家层面开展农业科技机构创新资源的统筹协调与优化整合，突破了传统的隶属关系，在不同的农业科教机构间架起了桥梁，使重点实验室逐步成为一个纵横交错的农业科技创新网络"。必须指出的是，农业部重点实验室的建设工作尽管在一定程度上解决了农业科研领域长久存在的条块分割、资源分散、分工不明、协作不力等问题，但其用力点依然在农业科研体系，对农民、农商企业以及其他社会组织的主体地位和市场对于创新的驱动能力依然没有给予足够重视。因此，尽管国家重点实验室建设有望破解制约中国农业科技进步的条件能力、联合协作等难题，但我们依然不能将这些工作等同于国家农业创新体系建设。

2012年年初，中共中央、国务院发布《关于加快推进农业创新持续增强农产品供给保障能力的若干意见》，这是新中国成立以来首次以中央文件形式对农业科技工作进行全面部署。该文件强调"实现农业持续稳定发展、长期确保农产品有效供给，根本出路在'科技'"，提出"完善农业科技创新机制，打破部门、区域、学科界限，有效整合科技资源，建立协同创新机制，推动产学研、农科教紧密结合；强化基层公益性农技推广服务；引导科研教育机构积极开展农技服务；培育和支持新型农业社会化服务组织"，并在人才建设、设施基础、市场流通等各个方面给出指导性建议。2013年中央发布的《关于加快发展现代农业进一步增强农村发展活力的若干意见》中进一步指出"必须建立完善的农业社会化服务体系，要坚持主体多元化、服务专业化、运行市场化的方向，充分发挥公共服务机构的作用,加快构建公益性服务与经营性服务相结合、专项服务与综合服务相协调的新型农业社会化服务体系"。2014年中央发布的《关于全面深化农村改革加快推进农业现代化的若干意见》中强调"深化农业科技体制改革"、推动"协同创新战略联盟"建设、"健全农业社会化服务体系"等,深化改革农业科技创新的发展路径。此外,2012年修订的《中华人民共和国农业技术推广法》中明确将"农业技术推广体系"定义为"农业技术推广,实行国家农业技术推广机构与农业科研单位、有关学校、农民专业合作社、涉农企业、群众性科技组织、农民技术人员等相结合的推广体系",同时规定"国家鼓励和支持供销合作社、其他企业事业单位、社会团体以及社会各界的科技人员,开展农业技术推广服务",从法律层面肯定了多元化农业生产经营者在农业推广体系中的重要地位。

需要指出的是,虽然中央以农业科技创新求解"三农"问题的战略意志十分明确。如何将这种战略意志转化为现实的农业生产力,通过何种方式使农业创新成为农村社会发展的强大驱动力,依然需要我们不断地求索,需要相关决策部门超越农业科技创新的线性思维模式,重视包括大学和科研院所、农民、农民专业合作组织、农商公司等多元主体联动作用的协同创新网络体系或现代农业产业创新体系的建设,培育农民、农民专业合作组织及农商公司的创新能力,提高其在现代农业产业链中的地位,建立多样化创新服务体系,打破体系分离的格局,以构建具有开放性、包容性的农业创新服务体系和政策环境。

令人欣慰的是,随着中国市场经济体制的逐步确立和深层推进,一些新型的农业科技服务主体出现,在农业技术供应方和需求方之间建立了桥梁和纽带,为加快农业技术转移和成果转化,打破部门、区域、学科界限,有效整合科技资源建立协同创新机制,提升农业技术推广能力,完善农业社会化服务做出了多层面的积极探索和贡献。本书将这些起到联结作用的农业科技服务主体定义为农业创新经纪人,并认为:中国要适应农业经营体制走向集约化、专业化、组织化、社会化发展的多元化农业科技创新需求,全面提升农业综合生产能力和国际竞争力,实现以科技创新驱动农业经济发展的战略目标,亟须建立以农业创新经纪人为基础的、面向农户提供创新服务的多样化农业创新服务体系;在国家农业创新体系的制度安排和政策激励中充分考虑农业创新经纪人的功能作用,以促进以家庭农场和农商企业为主体的新兴农业经营者的创新能力建设。然而，中国农业创新经纪人在现实中产生的动力有哪些、具体采取怎样的运作机制、取得哪些成效、产生何种影响、起到哪些作用，以及如何更好地促进其发展，从而带动中国农业科技创新体系进步等这些问题，需要进行更进一步的深入研究。

二、理论背景

20世纪50年代和60年代的早期，以农业经济学家舒尔茨为代表的农村研究者认为"农业发展缓慢停滞不前的主要原因是缺乏适宜的技术，呼吁发展中国家和捐赠者把用于推广服务上的资源转移到农业研究能力建设上"。

20世纪70年代早期，许多农学家建议加强新技术的研发和推广能力，将更多的知识和技术推广给农业生产经营者。

20世纪80年代，国家农业研究体系（National Agricultural Research Systems，简称NARS）理论逐渐形成，并成为许多国家和国际组织促进农业发展战略的主导性策略。国家农业研究体系包括一个国家中负责组织、协调、执行研究的所有主体，这些研究主体有助于农业发展和维护自然资源基础，其基本概念可以用线性模型表示如下（图1-1-1）：农业新技术通过农业农业研究者和研究机构生产，研究成果通过农业技术推广机构传递给农业生产经营者，进而带来技术的采用和农业综合生产能力的改善与提高。

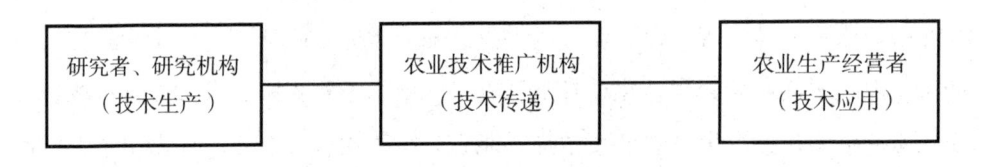

研究者、研究机构（技术生产）→ 农业技术推广机构（技术传递）→ 农业生产经营者（技术应用）

图1-1-1　国家农业研究体系模式图

事实证明，NARS的推进策略在加强农业科研能力方面是行之有效的，但过分强调科研的优先地位和重要性却忽视了农业生产经营者的需求和能力建设，同时缺乏技术研究者和使用者之间的直接联系，结果使农业研究无法对农民与其他农业生产经营者的需求和市场变化做出及时回应，NARS并没有必然地推动新技术和新知识在农业生产实践的广泛应用。

20世纪90年代，全球化、城市化和市场化取代生产者成为农业发展的主导，信息通信技术改变了农业知识和信息的获取机制与速度，农业新技术和新知识日益依赖多元化的知识与技术供给者，而不再仅仅依靠公共的农业研究机构和推广机构。由于农业生产经营者获取技术和服务的渠道有限、承受风险的能力不足，限制了他们对知识与技术的应用和管理，导致农业科研和创新成果转化率低。为此，一种旨在加强研究、教育和推广之间的联系，迅速回应农业生产经营者新技术需求的农业知识信息体系（Agricultural Knowledge and Information Systems，简称AKIS）理论形成并进入许多国家的农业决策议程之中。

AKIS强调农业研究不是创造和获取新技术、新知识的唯一形式；农业知识的生产和传播不是直线进行的，而是不同方面的参与者共同努力和交互作用的结果；研究和推广不应被视为相互独立的机构，而应当以某种方式相互联系，参与基础、战略、应用和适应性等研究的科学家、专业技术专家、村级农业推广人员和农民都应被视为独立的AKIS的参与主体。2000年，联合国粮农组织和世界银行共同提出AKIS将个人与组织联系起来，共同促进农业技术、知识、信息的学习、创造、共享和利用，其基本概念可以用如下模型表示（图1-1-2）：AKIS将农民、农业教育人员、研究人员、推广人员联结成一个整体，利用不同来源的知识信息共同促进农业发展，教育、研究、推广共同形成一个"三位一体"的知识三角。AKIS最核心的观念就是对农民赋权，把农民置于系统的中心并让他们承担起生产、创新和沟通的职责，增加行动主体间的信息互动，并创造条件让农民接受教育、提升能力。

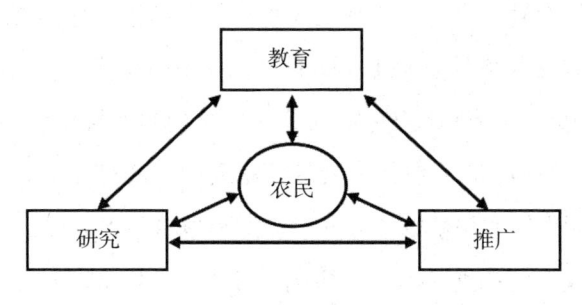

图1-1-2 农业知识信息体系模式图

AKIS认识到了不同方面参与者对于农业创新的重要作用和通过教育提升创新过程中农民能力的重要性,但在具体农业技术创新应用中面临一些缺陷:主要考虑了农户、研究者、教育及推广机构的作用,而缺乏对更广泛的参与者网络和影响农业创新过程的制度因素的关注,"农户的需求不能充分驱动农业研究和推广,劳动力市场的需求不能转化为农业技术培训机构的培训课程""一些研究者分析说,AKIS/ARS提供的知识即使是最需要的,也未必能被农民广泛掌握。特别地,许多国家的教育、研究、推广人员和农民之间缺乏系统协作,也限制了这些系统对农村部门支持性服务的效率和相关性。"

21世纪以来,许多理论文献描绘了发生在多个主体之间、社会经济制度之中的复杂关系和创新过程,强调农业研究与开发模式的重大转向及其对技术变化和组织结构的内在影响。一些实证研究文献概括了公共研究组织、农商公司和生产者组织、农户在各种时空背景中采取的多样化合作模式,如伙伴关系、知识网络和产业集群等,及其对农业技术创新能力的提升作用。诸多研究者指出,农业创新不仅是研究者发明的新技术转移和采用,还要求在新技术实践和可选择的组织方式之间达到一个平衡,例如市场、劳动力、土地所有权和利益分配;创新不仅需要适应当时、当地的环境条件,还会对环境产生影响——或重新修订设计,或破坏已有的条件和制度框架,有多方面因素影响环境的改变,如参与者、组织、产品之间复杂的关系,意外、难以预见的发展状况,巧合或挑战线性方法带来的冲突等。基于这些研究,农业创新体系(National Agricultural Innovation Systems,简称NAIS)的理论和政策框架应运而生。

2006年,世界银行在农业和农村发展报告中将农业创新体系(NAIS)定义为"由不同组织、企业、个人等组成的工作网络,这个工作网络致力于采取新产品、新工艺、新方法并将其商业化,同时包括在不同的代理机构进行知识与信息的交互、共享、访问、交流和使用过程中产生影响的制度与政策",除了科研人员、推广机构和农民,NAIS应由包括公共的、私人的、公民社会等所有形式的参与主体组成。NAIS要求在多方参与主体中能够形成有效的互动,并认识到制度体系(包括法律、规范、态度、习惯、惯例、激励等)在形成互动的过程中起到重要作用。NAIS的框架则是引导规划知识生产和使用的方法,这个理念更加关注建立强大组织和"研究者—农民"之间有效联结的重要性，它不只是使用国家农业研究体系和农业知识信息体系的方法，而且超越这两者，更加强调参与者之间合作和互动所需要的附加条件（例如专业技能、合作激励、更好的知识传递等）以及实施对于创新人员更有利的因素。

农业创新经纪人是完成跨界的知识传播、技术扩散的中介活动人，是农业创新研究成果为农民所接受、商业化过程中的中间环节，是建立"研究者—农民"之间有效联结的重要一环，他们一方面帮助农民和市场向研究机构表达其对于农业科技的需求，另一方面向农民和市场推广农业创新的研究成果，就像是横跨研究机构和农民信息鸿沟的一座桥梁，是农业创新成果能否成功实现商业化的重要推动力量。农业创新经纪人不仅能够促进创新成果转化，也是完善农业创新体系的关键。农业创新经纪人的产生与发展是对农业创新体系理论要求的现实回应，在实践和理论方面都具有重大意义。

第二节　相关文献研究综述

根据研究主题，本书主要对国内外关于农业创新体系和农业创新经纪人的相关文献进行了梳理和综述。首先，国内外关于农业创新体系的研究与讨论十分丰富，在前文的理论背景中我们已经对国际农业创新体系的理论演进进行了概括分析，在本节关于农业创新体系的研究综述中主要侧重讨论中国国内关于农业创新体系的相关研究；其次，"农业创新经纪人"理论是荷兰瓦赫宁根大学创新与传播研究团队近几年较新的研究成果，关于国外农业创新经纪人的研究综述简要介绍了此理论的要点和主要的研究结论，由于中国目前还未在正式出版物中出现"农业创新经纪人"的称谓，因此本书主要开展了中国农村（农业）经纪人的相关研究。

一、关于农业创新体系的研究

（一）国外关于农业创新体系的讨论

国外关于农业创新体系的讨论可以说浩如烟海，很难进行全面的分析与讨论，根据论文检索的结果，相关的研究文献主要讨论了以下三个方面：

1. 对于农业创新体系的思考

首先，关于什么是"创新"，创新应该被看作一个创造和来自不同学科的知识组合的过程，它可能是全新的，但通常情况下是已经存在的各种知识的组合，例如在技术、工序、组织管理等方面的小的、逐步的改变，或者是具有创造力的模仿。其次，农业创新体系不应该是一种行政管理形式，创新体系应该被视作一种政策工具，一种使政策制定者考虑创新应如何被界定、合适的创新能力如何被建立的途径。

2. 农业创新能力的建设

包含知识密集型功能部门的新农业开始出现后，在市场和技术条件快速变化的情况下，自主创新能力是经济发展成功的核心，于是一种针对农业创新能力的诊断评估的概念被提出，包括其构建框架、原则和方式。同时，相关专家认为我们已经逐步地从强化研究体系和知识传递向建立创新能力、加强知识应用和创造社会经济的方面改变。

3. 完善农业创新体系

在农业创新体系理论背景下，传统的农业推广系统和工作方式已经不适应目前创新能力建设和多元化农业服务的需要，应推进农业推广系统改革，使之成为促进农业创新、信息知识传播的更好的工具或引擎，以提高农业创新满足农村知识需求扩大的能力，不仅提供在农业生产方面的技术支持，还包括帮助农民组织化、与市场建立联系，以及环境和卫生信息等不同层面的服务。尤其是第三世界国家农业创新体系中存在严重的问题：需要制度改革去促进与技术相关的改变；农业研发需要不同的、直接的制度改革以促进其研发的有效性；正是由于这种改革的缺失，创新的可能性被大打折扣。此外，不仅存在公私部门间信息交流的创新中介组织的发展需要一个制度环境，而且，国家研发系统需要采用一种更加主动的方式与国际组织合作研发,这种主动的方式要求国家科研组织采取一种更灵活的管理形式。农业创新政策不应该是以完全计划和控制创新为目标,而是培养一种为适应性的创新管理提供支持的基础,根据创新的变化促进创新的发展。

如何改进传统的农业推广体系、促进有效创新的发生,一些第三世界国家在寻找新的推广服务方式方面已经做出了有益的尝试:以成人教育为主要内容的"农民田间学校"在东部和南部非洲取得了一定程度的成功,此方式通过持续的、密集的课程与主题讨论、经验分享,提高了农民的农业创新能力,是对现有农业推广系统的有效补充;此外,由于资源、权利的限制,个人的创新行动者难以达到预期目标,于是自发组织的创新联盟形式出现形成创新网络,创新网络中成员的参与是以相互的依赖为基础;创新网络可以帮助提升对于创新的理解,动员成员对于创新的支持,通过小范围的个人关系达成创新网络与所处环境的有效沟通,以此来加强创新改革的有效性;而在创新网络的组织和构建过程中,来自秘鲁的经验研究证明,创新网络经纪人在取得当地农户信任以促成集体行动、培养新型的农业创新体系方面具有重要作用,虽然来自墨西哥的经验研究表明线性农业技术推广方式也可以产生集体行动,但并不能掩盖线性推广模式需要向多元互动的农业创新体系模式的改变。

(二)国内关于农业创新体系的研究

20世纪90年代后期,国家创新体系理论传入中国,之后关于农业创新体系的研究、著作、论文大量出现,回顾与梳理历年的研究文献,可以发现中国国内关于农业创新体系的研究与讨论存在着概念、特征界定不统一,主体争论不休,模式定位不明确等问题。目前,国内的研究主要集中在以下四个方面:

1. 农业创新主体的争论

对农业创新概念的界定不同,自然对农业创新的主体等问题的讨论也会不同。目前国内学术界对此问题的讨论主要基于三种观点,即农业科技企业创新主体论、科研教育机构创新主体论和农业创新多元主体论。

一些学者指出,在世界一些发达的市场经济国家中,企业是市场经济的主体,也是技术创新的主体。中国在建立国家科技创新体系时明确提出企业是技术创新的主体。农业企业成为科技创新主体这一趋势不是一时兴起的，也不是某个阶段的暂时现象，而是符合农业科技发展方向的客观主流趋势。基于这种观点，这些学者判断说，中国长期以来形成的农业创新严重依赖高等院校和科研院所的格局不符合科技创新主体的一般规律。

另外一些学者提出，由于中国农业企业发育缓慢、规模较小、实力较弱、人才缺乏等，短期内难以发展成中国农业技术创新的主力军。农业科技企业只有成为投资、创新活动和利益分配的真正主人后，才能成为技术创新的真正主体。因此在今后相当长的一段时间内，国有农业科研机构和农业大学（农学院）仍将是中国农业创新的主体，政府的公共财政是农业创新的主要资金来源。以国有农业科研机构和农业高等院校为创新主体的观点，基本适应了中国现阶段国情和发展现代农业的需要，是在现有体制下充分发挥人才、科技资源优势的选择。

一些研究者主张加强政府、农业科技企业、农业科研机构和农业大学、农业组织、农户等主体之间的协作，并根据各自不同的职能和作用进行分类。崔和瑞、赵黎明、张淑云认为，"农业科技机构是农业创新的主体，政府是科技创新的投入主体，农户（企业）是技术需求主体"。高启杰认为，创新主体分为"直接主体和间接主体两个基本类型或群体。前者是指直接从事或参与农业创新活动的行为主体，主要是农业研发机构（包括高校）、农业技术推广与中介服务机构、农业科技企业和用户（作为农业生产经营者的农户、企业以及农民组织等）；后者是指为农业创新过程提供政策、经济和资源环境等条件保障与服务的机构与人员，例如政府、市场和金融机构等"。

左停、齐顾波、钟兵仿等分析认为，"目前的农民技术工作（研究、开发、推广）中存在许多问题，重点表现为研究、开发、推广工作与农民分离，研究工作不能很好地、充分地服务于农民，科技成果转化率不高，反映了我们大量的科学研究成果不能满足农民的需要或为农民所接受"，他们因此主张以农民为中心的技术发展或创新策略，即农民参与式技术发展（Participatory Technology Development，简称PTD）的策略。庞晓鹏也强调说，"在众多的现代农业国家，农民合作组织是农业创新和推广体系的重要组成部分，没有农民合作组织的充分参与，任何科研推广机构都无法有效地将新技术推广应用于农业生产实践"，强调"充分发挥农民合作组织在农业创新体系中的作用,对于建立有利于技术创新、有利于科技成果转化的农业创新体系具有重要的现实意义"。

2. 农业创新的主要特征

农业创新过程受两方面因素的影响,并表现出不同的特征。一方面是农业本身受自然因素影响,造成农业创新呈现以下特征:生物性,是指农业技术创新受制于农业的生物学特性;风险性,是指农业技术创新受制于自然条件变化程度和动植物生命体自身生物规律,导致农业技术创新具有风险大、周期长和机会成本高;复杂性,是指由于农业经济发展受自然力影响较大、地域变异性较强,所以,在农业领域出现的科技创新类型要比其他领域数量多、涉及的范围广、创新成果地域性强、推广速度慢。另一方面,与工业创新相比,农业创新受社会因素影响,呈现以下特征:公益性,大多数农业技术具有不同程度的公共产品特性;外溢性,是指农业技术创新不仅给创新者和技术应用者带来好处,而且给他人和社会带来好处;综合性,农业技术创新应用效应的整体性,既要注重单项农业技术创新,更要注重多项农业技术的综合效应;在市场机制条件下的创新过程的非连续性和创新环节的相对独立性;供需矛盾的双重性;创新主体的多元化性。

3. 农业创新的模式

中国农业创新的主流模式是政府主导型的。一些学者总结说,中国农业创新模式经历了由计划组织驱动模式向计划驱动型、市场需求型和联合组织型多元化技术创新模式转变。目前已开展的多种形式的农业创新探索,具有代表性的有农业科技园、农业科技项目区、农业产业化经营中农业技术创新的动力机制、创新战略等。同时,各级科技部门积极探索,还形成了科技特派员、专家大院、农技110、科技进村入户等多种农业技术推广模式和机制,这些模式和机制促进了农村科技服务工作重心下移,贴近基层,服务一线,对建设多元化的农业技术推广体系、促进中国农业先进技术的普及、推广有一定的积极作用。

高启杰将农业技术创新模式定义为"在特定条件下,农业技术创新主体、客体、机制等的存在方式和运转过程的综合表现。农业技术创新模式的基本内涵是指促进农业技术创新各个主体的行为和各个环节的活动之间的协调与结合从而实现农业技术创新供给和农业技术创新需求均衡的方式与途径"。同时,他提出应建立多元化的合作农业技术创新模式,"在此模式下,多元主体按照不同的结构和方式进行组合,形成多种类型的农业技术创新主体集团,通过有效的制度性参与,促进合作与竞争,以多样化的形式实现农业技术创新供给和需求的均衡"。一些学者强调说,华南农业大学的"农业高校+农业龙头企业"技术创新与推广模式,以实践表明多元化的合作模式是加强农业生产与科研、教育、推广紧密结合,加快农业技术创新与进步的步伐,提高农业物质投入的利用率与转化率,促成农业由资源依附型产业向科技智能依附型产业转变的有效途径。

(三)国内农业创新体系的相关研究评述

1. 影响了研究的范围、角度及结论

国内研究领域形成了在农业创新"谁是主体"争论中各执一词的局面,而影响了农业创新体系的建设和发展。在中国已经全面融入了全球经济一体化的背景之下,应该扩展农业创新的内涵,将其放到国家农业创新体系的整体之中,从广义上多层次、多角度地理解农业创新。

2. 定性较多,定量较少

目前关于农业创新的研究多为定性研究,主要从概念、特征、主体等角度进行探讨,对实践中存在的问题进行总结,并提出相应的策略建议,而定量的实证研究则相对较少,农业创新转化成果、农业创新产生的经济效益及评价、农民对于技术创新的接受度和满意度等相关数据研究相对较少。由于农业产业的特殊性,进行实证研究确实存在困难,但是这些数据和信息对于进一步推进农业创新发展、创造更加符合市场要求和农民需要的新技术,具有重要意义。因此,应加大对于农业创新成果转化和效益评价的研究关注,从国家层面统筹安排信息反馈的搜集与管理。

3. 整体较多,局部较少

中国幅员辽阔、历史悠久,各个地区农业生产的自然环境、社会环境、发展模式,以及传承下来的农业文化各不尽相同,今后可以多针对不同地区的发展特色进行研究,创造出更加符合区域发展的创新技术。

二、关于农村和农业创新经纪人的研究

（一）关于中国农村经纪人的研究

"经纪人的概念最早起源于经济学，指为买卖双方拉线撮合从中收取佣金的人"。较早的关于中国农村经纪人的研究多集中于人类学和社会学的相关研究中，张莉、李小云将其定义为"在两个社会单位之间进行调解并从中介活动中获得利益的行动者，与那些能够自我代表的行动者区别开来"，主要讨论的是中国农村的政治经纪人，由于中国政治体制的变革经历了不同阶段的变化，相关研究成果更加丰富。萧凤霞认为，封建帝国时期的士绅是上达政府、下系村民的"经纪人"，既制约皇权的下达，又依靠支配性权力而为自己获利。杜赞奇将中国晚清时期的政治经纪人分为两类：一类是"赢利型经纪"，指那些被国家权力利用、但在一个不断商品化的社会中却没有合法收入的职员，国家通过他们征收赋税，他们利用手中职权捞取个人利益；另一类是"保护型经纪"，是为了应对"赢利型经纪"的敲诈勒索而产生，为了完成某些义务，或有效地与国家政权及其代理人打交道，数个村庄自愿或者由国家政权指令结成集体组织，承担起经纪人的角色，目的不是赢利，而是保护社区利益。在财政及行政事务上，晚清政府主要通过以上两种经纪体制来控制乡村社会。1949年中华人民共和国成立以后，中央采取依靠乡村干部来管理乡村的模式，对于乡村干部是否具有政治经纪人作用相关研究者存在不同看法。

改革开放以后，随着中国农业、农村发展过程中市场化的不断深入，经济领域中的中国农村经纪人广泛出现，并呈现多元化发展。2003年农业部印发了《关于加强农村经纪人队伍建设的意见》，指出要加大引导和扶持力度促进经纪人经营规模化、活动组织化、手段现代化、功能综合化、市场多元化、服务信息化。依托批发市场，发展运销经纪人；围绕农业产业化经营，发展贮藏加工经纪人；结合科教兴农，发展农业科技经纪人；结合农村信息体系建设，发展信息经纪人。随后，国家工商行政管理总局于2004年8月28日颁布的《经纪人管理办法》，在一定程度上为规范农村经纪人的行为提供了法规依据。农村市场化、农业产业化后，经济、社会领域中出现的新型经纪人引起了相关学者的广泛关注。活跃在

农村经济领域的农村经纪人（也有学者将其称为"农业经纪人"），以收取佣金为目的，为促成他人交易而对涉农商品及项目进行中介服务的公民、法人和其他经济组织。在市场经济条件下，农村经纪人的存在与发展，提高了农民的实际收入和整体综合素质，开始形成农业生产中农民的从业分化，农业专业化分工体系进一步深化；有利于形成产销合作组织和专业协会，提高农民的市场组织化程度；有利于促进农村剩余劳动力再就业，扩大了劳务输出；加快了农产品的销售，促进农产品产销衔接、农业产业结构的优化。按照不同的功能诉求，农村经纪人主要可分为四种类型。第一，农村劳动力经纪人。日益增加的农村剩余劳动力、不断深入的城镇发展建设和二、三产业发展，都需要大量农村劳动力的转移，农村劳动力经纪人一方面为劳动力供求双方牵线搭桥，另一方面增加了农民收入。第二，农村信息经纪人。农户对农村信息需求强烈、农村信息服务有效供给不足、信息传播网络并非农户信息需求的现实通道等现实问题，促使了农村信息经纪人的产生，其主要提供的服务有信息咨询服务，接受各项委托、代理服务，专门的培训服务，帮助农民更新信息意识等。第三，农村物流经纪人。为了节省农产品流通的成本，农村物流经纪人应运而生，此类经纪人又分为三种类型：一是个体商贸商品经纪人，由于分散隐蔽，不便管理，易发生欺诈行为；二是受公司委托，按要求推销和招揽客户的农村现货经纪人，他们熟悉委托人情况，清楚中介的商品；三是交易所的农村物流经纪人，他们的素质较高、具备一定的资格，经过了考核，他们在为顾客服务、收取佣金的同时，也向交易所交纳一定的保证金。第四，农村技术经纪人。关于农村技术经纪人的相关研究后文有详细论述，这里不再赘述。

（二）关于农业创新经纪人的研究

荷兰瓦赫宁根大学的传播与创新研究团队从创新中介理论中引申出"农业创新经纪人"的概念及相关理论，认为农业创新经纪人是在农业产业中从事技术中介、市场服务等活动的创新经纪人，并以荷兰国内以及世界其他国家的实证资料为基础，在一系列相关研究中对农业创新经纪人的产生原因、主要类型、功能作用及目前所面临的困境等问题进行了讨论。

1. 农业创新经纪人产生的背景

一方面，由于市场发生了巨大的变化，从农业创新体系的角度考虑，在科研与推广双方都需要一种制度性的改变和创新能力方面的建设，以适应市场的变化，尤其是农业技术创新市场；另一方面，农民或其他农业产业的参与者需要表达创新的想法、意愿及各种经济和社会需求，科研推广机构或科研成果提供者需要了解市场日益多元化的需求，而在两者之间却存在着一个"信息鸿沟"。作为不理想的农业创新体系主体间的联结，在多元化市场的背景下，纯粹的"系统中介"——农业创新经纪人应运而生。

2. 农业创新经纪人的主要类型

按照服务对象的不同将发达国家中的农业创新经纪人划分为七种类型：以个体农民和中小型农业食品企业为服务对象的创新顾问机构；以集体农民协会和中小型农业食品企业为服务对象的顾问机构；构建公司间工作网络的经纪人组织；在更高的系统水平基础上提供创新支持作用的系统性经纪人；以网站和数据库为基础向农民或相关机构传递知识与信息的网络平台；研究计划过程中，在政策制定者、创新研究者和创新使用者之间起联结作用的跨界组织；在政策制定、教育和科研层面上起联结作用的跨界组织。

此外，根据农业创新经纪人出现和起作用的条件，将发展中国家目前存在的农业创新经纪人划分为十种类型：本国内的非政府组织，国际型非政府组织，本国内全国性援助机构，农民或工业协会组织，国内的研究实验计划项目执行机构，国际型援助计划或工程的后续项目执行机构，科研组织或其分支机构，专利权买卖中介，政府行政组织或其分支机构，以信息通信技术为基础的经纪人。

3. 农业创新经纪人的功能作用

第一，明确供需双方的需求。帮助收集农民的创新需求，考虑如何维持他们可持续发展的可能性，诊断现状，预测未来发展趋势；将农民或市场需求反馈给研究机构，协助创新项目的建立。第二，建立创新工作网络。寻求有共同意愿和利益的参与者，建立不同参与者之间的信任，平衡个人利益和工作网络的共同利益；在需要的时候将外部的信息带入工作网络，或者与外部的工作网络进行沟通；建立不同主体间的联系，以及主体与制度、政策、市场、社会方面的互动。第三，管理创新过程。以第三方的"中立"位置，解决问题，关注整个创新发展的过程；建立有利的社会环境促进知识的交换、信息的平衡；制订学习计划，根据不同阶段、不同参与者设定长期或短期的目标；协助建立保持集体行动的社会能力；在整体层面激励系统创新，启动创新项目；使创新过程中的风险和利益透明化，减少创新过程初期的不确定性。

4. 农业创新经纪人发展中的矛盾与困境

第一，保持中立性。凡是有需求就会产生价值倾向，农业创新经纪人同样不能避免，承受来自股东的压力为其中立性带来负面的影响，同时不同的合作者对于创新经纪人的要求也不尽相同。创新经纪人需要思考如何以一个中立的位置建立并协助创新网络，尤其是不同国家的文化背景、创新体系发展的阶段不尽相同，如何在特定的情境下设计并获得一个保持可信度的地位是其面临的首要困境。第二，功能的模糊性。创新经纪人的多元化功能使其在农业创新体系中的位置更加复杂，他们既建立主体间的联系，又为多元主体提供建议，因此会被某些创新主体视为竞争者而受到排斥。创新经纪人很难在农业创新体系中找到自己的位置，一方面创新经济人的出现是因为体系的缺陷；另一方面创新经济人要依赖特定的团体或工作网络资源。第三，资金可持续性。很多创新经纪人一开始会获得政府或者其他机构的资金支持，虽然他们的发展目的是实现自给自足，但这是很难达到的。

通过文献研究我们发现，多元类型的中国农村经纪人承担着部分农业创新经纪人的功能，尤其是科技经纪人的出现、行为与作用较为明显。中国农村的科技经纪人概念是由一般经纪人和一般科技经纪人的概念引申而来。农村技术经纪人既有一般技术经纪人的内涵，又有自身的特征：他们或以收取佣金，或以技术成果的销售利润和产品的销售利润索取为目的，或是从事居间的经纪活动，或是直接进行农业技术示范和技术成果的经营，他们或是个体农民，或是产业化龙头企业，或是农业专业协会，或是经纪人协会等农村经济组织。中国农村的科技经纪人的产生与中国农村技术市场的特征密切相关：首先，农村技术市场需求方对技术潜在需求量大，技术商品需要转化为商业实践，购买量相对少但价值量大；其次，农村技术市场供给方的技术所有人需要出让技术商品，实现技术成果的应用价值，但技术商品专业化程度高，专业性强，适用面狭窄，只能在特定的生产环境中应用；最后，农村技术商品交易的方式较多，技术商品交易对人员素质的要求高，技术合约履约率低，农村技术商品交易供需脱节，农业科研成果履约率和转化率低。面对农村技术商品较强的需求和供给，一些素质较高、多年从事农业技术推广、清楚各种技术交易方式的工作人员，主动站出来提供农村技术商品方面的经纪服务，让脱节的农业科研与农业生产技术顺利衔接，由此农村科技经纪人产生了。

这些农村科技经纪人的主要职能有：第一，政策引导，合理引导农户按政策使用技术，避免采用不正当的技术进行生产。第二，集散科技信息，一方面针对技术消费者推介技术供求信息、开展咨询服务、寻找需求技术对象；另一方面受交易方委托，寻找和选择先进、适用的技术成果和配套资金，寻找和选择有开发能力和经济实力的农户或者企业，购买需要的科技项目。第三，综合评价技术成果，并进行合理的技术交易谈判，为确保农户能够胜任该项技术工作，补充合理的服务条款，如具体的项目设计服务、管理服务、培训服务等。

第三节　研究设计

一、研究目标

结合农业创新经纪人相关理论以及中国的现实状况，归纳中国农业创新经纪人现实存在的相关类型，梳理主要类型农业创新经纪人存在与发展的背景、行为动机、行动策略与社会作用，以及其在运行中存在的困境与问题，探析中国农业创新经纪人促进农业科技成果转化、完善农业创新体系的作用机制，以及中国农业创新经纪人对于中国农业发展的意义与贡献。

通过对中国农业创新经纪人的相关研究，一方面探寻农业创新促进农业产业发展的方式与途径，构建新型农业科技创新服务体系，以适应现代农业发展和农业经营体制转型的需要；另一方面丰富目前中国农业创新体系理论中关于科技成果转化机制、科技中介服务发展、现代农业服务机构发展等方面的研究内容，与国外的农业创新体系理论和农业创新经纪人理论进行对话，完善中国国家农业科技创新体系的相关理论研究。

二、研究方法

（一）理论框架

本书采用"行动者为导向"的研究方法对中国农业创新经纪人进行分析与归纳。"行动者为导向"的研究"特别关注社会行动者，认为社会行动者不仅是历史的'载体'，还具有人类的能动性，社会行动者，无论是农民、土地所有者、还是官员，都会运用各种方式企图改变他们周围的世界，而且为了实现目标，他们会在现有的知识体系、意识形态以及实践方式基础上，建立与其他个体和社会群体间的互动"。"行动者为导向"的研究视角从微观角度入手，通过理解个体动机、目的与兴趣来研究和解释宏观的社会结构与社会变迁。这种研究方法可以使我们很好地洞察社会构建和重构过程，进一步理解小范围内相互作用的社会设置或场所是如何与更宽泛的结构网络、资源场域、关系网络发生互锁的。这一研究方法提供的是一种解释"特定社会形态是如何在人们的日常生活和生活世界中形成并运行"的概念以及方法论框架。"行动者为导向"的研究方法更注重从细节上记述行动单元对社会结构现状的不同反应，以及探索相关社会行动者的生计策略和文化禀性，描述人们解决他们每日生活困境的方式。行动者为导向的分析方法是以一个更加动态的方式去理解社会变迁，强调外部和内部因素之间相互影响和共同决策的过程，它的核心是人的行动和意识。

（二）具体采用的研究方法

在"行动者为导向"研究方法的理论框架下，结合案例分析的方法，选择不同类型的农业创新经纪人组织、机构或者个人进行深入、细致的了解，对行为事实重点描绘，总结出具有普遍意义的模式机制和功能作用，所采用的具体研究方法包括以下两种：

1. 文献研究

文献法"侧重从历史资料中发掘事实和证据，在社会研究中是必不可少的"，收集和研究文献可以"掌握该领域的最新进展，避免简单的重复性研究，使研究方向明确、准确，使研究内容系统、全面"，通过文献研究对国内外关于农业科技创新体系和农业创新经纪人的相关研究进行综述，了解目前国内外关于农业创新体系理论与实践的研究现状，确定了本书的研究主题、研究方向和研究内容。同时文献研究也可以收集到其他方法如访谈法、观察法等收集不到的资料，为其他方法收集到的资料进行补充和证明，本书通过文献的收集与梳理，分析目前关于中国农业创新经纪人的发展描述与研究的二手资料，为实地研究的资料提供补充和研究佐证。

2. 实地研究

"实地研究是不带假设直接到社会生活中去收集资料，然后依靠研究者本人的理解和抽象概括从经验资料中得出一般性的结论"。通过实地调研收集不同类型农业创新经纪人运行的现实情况资料，并对资料进行整理和加工，进而归纳出具有普遍性的理性认知。本书实地调研所采取的具体方法是观察法和访谈法。

观察法。"观察是从事科学研究的一个重要手段，不仅是人的感觉器官直接感知事务的过程，而且是人的大脑积极思维的过程"，本书主要采用参与式观察，在相互接触中倾听和观看研究对象的言行。通过熟人介绍寻找中国农业创新经纪人个人或组织并建立联系，观察他们的工作行为、话语，考察他们的社会网络，与其他参与主体进行互动的策略方式。例如，通过观察山东滕州市滕阳富硒农产品专业合作社理事长贺兴明与社员的交流和科技服务过程，搜集农民专业合作社农业创新经纪人的行为策略的相关案例，通过观察农资经销代理人的销售行为，考察农资经销代理人如何促进农业科技创新的扩散等。

访谈法。"访谈法是由访谈员根据研究所确定的要求与目的，按照访谈提纲或问卷，通过个别面访或集体交谈的方式，系统而有计划地收集资料"，本书主要采用半结构式访谈的方法与被访对象进行互动，既可以对访谈结构进行一定的控制，也能够让访谈对象积极地参与，了解被访者对于重要问题的认知和态度，以及他们赋予事件和行为的意义。访谈法是本书获取一手资料的主要方法，本研究采用深度访谈的形式进行关键人物访谈，探寻农业创新经纪人个人或组织的行为和发展过程，采访了不同地区、不同职业、属于不同类型农业创新经纪人的相关人员共42位；采用相关人物小组访谈法，探寻农业创新经纪人的功能和发挥作用的机制及社会条件等，例如针对科技特派员的政策、发展、现状等问题组织相关行政部门主管领导、相关学者、科技特派员人员进行小组讨论，或组织中国农业大学资源与环境学院服务不同地区"科技小院"的研究生进行座谈，讨论不同地区"科技小院"农业科技创新服务的策略和行为等。

三、研究内容与结构

第一章：主要讨论了研究的缘起背景、理论和现实意义、研究设计等相关问题，梳理了国内外相关研究文献，分析农业创新经纪人在国家农业创新体系中的地位，以及其在知识传播、技术扩散中起到的联动作用。

第二章：主要介绍了国家农业创新体系和农业创新经纪人的相关理论，界定了农业创新经纪人概念，总结了农业创新经纪人的功能和行动策略，为后文的分析提供理论基础。

第三章：总结了农业创新经纪人的特征，梳理了国外农业创新经纪人的不同类型，在相关研究的基础上总结了中国农业创新经纪人的主要类型，并借鉴"行动者为导向"的研究方法提出了中国农业创新经纪人的研究框架。

第四章至第七章：论述了不同类型中国农业创新经纪人的发展背景和现状，包括存在的形式，即结构构成及类型特征；存在的合理性，即行为动机；存在的方式，即行为策略；以及不同类型农业创新经纪人的社会作用和目前存在的问题与缺陷。以科技特派员、农民专业合作社、农业龙头企业、农资经销代理人、农业高校科技服务组织为主要研究对象，结合现实中的案例，通过分析农业创新经纪人的行为特征、运行机制和生存的社会环境，探讨农业创新经纪人如何在结构与行动的辩证关系中推动农业创新，具体包含以下几点：第一，农业创新经纪人如何产生、如何建立、如何发展，政策、经济、社会环境中哪些因素促进了农业创新经纪人的产生与发展，目前处于何种发展的状态，形成了哪些不同的类型——发展过程分析；第二，农业创新经纪人如何从自身的条件出发来确定其工作目标，采取行动、选择策略的原因有哪些——行为动机分析；第三，农业创新经纪人对待不同的参与者分别采用何种方法和策略说服和吸引其他参与者，如何平衡自身与不同参与者之间的利益，面对利益冲突如何权衡并采取行动，最终如何化解危机，面对问题和困境，经纪人如何发挥主观能动性通过借用制度和政策框架内的资源与力量以及非体制层面的资源与关系达到目标，这种发挥主观能动性的互动过程如何展开——行动策略分析；第四，农业创新经纪人的行为活动在哪些方面促进了农业科技创新的发展，为中国"三农"问题的解决做出了怎样的贡献——社会作用分析。

第八章：总结、讨论并提出相关建议。通过理论分析与实践考察，归纳了中国农业创新经纪人对于农业创新体系理论和中国农业创新服务体系建设的重要意义，总结了农业创新经纪人运行中存在的主要问题，并提出促进其更好发展的相应思考和建议，提出本书的创新点，以及在今后的研究中需要进一步思考的方向。

第二章　农业创新经纪人相关理论

在展开中国农业创新经纪人研究之前，需要对相关的理论基础进行介绍、对本书的基本概念进行明确的界定。国家农业创新体系理论是最近几年国际上讨论较为广泛的农业创新理论，此理论体系中强调的非线性联动机制是农业创新经纪人理论的基础。在国家农业创新体系理论的指导下，结合创新经纪人理论提出了农业创新经纪人的概念，并讨论了农业创新经纪人的功能作用和行动策略，总结了农业创新经纪人的类型。农业创新经纪人理论既是本书的理论基础，也是前提假设。

第一节　国家农业创新体系

国家农业创新体系"旨在优化国家层面的基础设施、能力培养、制度激励和政策支持等以增加知识转移、信息共享、研究供给和创新主体间的联动以促进农业技术进步和产业发展""能够更好地揭示农业技术创新过程中的非线性联动机制，并说明在这一过程中，新知识、新技术如何被多种主体通过既定社会经济制度中复杂的相互作用加以整合集成和创造性应用与转换，进而推进农业技术进步和农业的可持续发展"。

国家农业创新体系作为指导农业新知识、新技术应用体制设置的理论框架具有如下基本要点：

第一，关注创新的总体效能和创新、增长所需要的各类要素。尽管研发被认为是创新的重要源头，但农业产业创新很少能够反向促进研发的发展。农业技术创新的主体，既包括典型的农业新知识、新技术供给者的大学和公立科研机构，及作为农业新知识、新技术采用者的农户、农村专业合作组织和农业企业，也包括各类服务于它们并促进其相互作用的中介机构、非政府组织和知识经纪人

（Knowledge Broker）等。所有这些主体参与创新的行为都受国际农业政策环境和整体制度、态度与实践影响。

第二，关注互动合作引发的创新活动，强调创新知识资源的多样化。对农业研究的支持必须充实拓展其和其他行业和社群的交互作用，建立高效运行的研究、推广和农业生产经营者之间的联动（linkage）机制，重视对创新主体间合作需求的发现和积极回应机制设置，以形成各种创新主体更好地发挥创新能力的能动因素。

第三，完善并强化农业研究、推广和教育之间的协调支持机制，围绕农业生产经营的价值链构建创新伙伴关系和联动机制，创造农业发展的能动环境。推进公立机构进行创新改革，通过渐进方式和试验探索建立起反应灵活的、高效能机构创新机制；建立灵活的、用户导向（user-driven）的、致力于解决地区性农业生产经营问题的农业推广体系；优化农业教育投资，加强对农业研究者和推广人员工程的、社会经济管理的技能训练，以培育农业创新推进所必需的核心职业能力。

第四，加强农村地区参与主体的组织化，以提升农业创新主体的需求表达、技术应用和资源整合能力。培育农村专业合作组织和农商公司，通过"农村专业合作组织+农户"或"农商公司+农村专业合作组织+农户"等形式加强产业协调和农业与食品产业的一体化，使农商公司成为政府投资的真正伙伴，巩固农商公司和农村专业合作组织在农业与食品产业价值链中的地位。

第五，营造有利的创新文化和政策环境。首先，一系列创新的态度和实践共同建构的创新文化可以保持创新能力的可持续性，这些态度和实践包括科技竞争力的重要性，与社会和环境可持续性紧密结合的商业模式，接受多样性的文化和知识体系，追求以包容性解决问题及相互协同的能力，具有前瞻性的视角等。其次，政策是形成有利环境不可或缺的一部分，不是单独的"创新政策"，而是一系列形成创新所需要的配套政策，这些形成有利环境的政策干预需要伴随改变以往通常态度和行为的努力，否则难以奏效。最后，如果能够结合其他方面加强创新能力的活动，尤其是参与主体间的联合互动，则更有利于农业创新活动推进。

总之，国家农业创新体系强调多个层面上的利益相关者的组织化和联合行动（interaction），重视对农业生产经营者的创新能力建设（building innovation capacity）的投资以及对所有创新主体的激励，高度关注组织之间、跨组织和行业之间的联动、集体学习和知识流动（knowledge flow），并聚焦于产出，即将创意投入到应用之中，意在识别和确立创新推进的新模式，强化和协调对能动性要素的投资。

第二节 农业创新经纪人概念界定

一、创新经纪人

创新经纪人是创新研究中的一个重要概念，旨在解释在创新过程中起促进、协助作用的公司、机构和个人，他们通过提供联系、中介、知识传递等活动建立不同组织联结的平台，有助于推动创新资源整合和创新活动的成功开展。

不同的创新研究者由于对创新经纪人观察分析的视角不同，因而采用不同的术语对其加以界定。罗杰斯在《创新的扩散》中将创新经纪人称为"创新代理人"，特指那些"按照创新代理机构期望的方向影响客户创新决策的个体"。大卫·史密斯在《创新》中将创新经纪人定义为那些"可以在形成知识转移的关系网中起关键作用"的"看门人"，他们可能是"知识的存储者、知道谁拥有知识并有办法联络他人或作为组织内部各部门或者组织间的知识介绍人"。梅丽莎·A.希林在《技术创新的战略管理》中将创新经纪人界定为"将知识和信息从一个领域转移到另一个可能被应用领域"的"知识经纪人（Knowledge Brokers）"，他们可能以新的、可提升附加值或盈利的方式来整合应用现有的知识、信息和技术，也可能在公司之间建立起知识、信息、技术扩散的网络，并发现创新资源整合的新机制和新方式。创新经纪人可能不会在任何单一技术领域内有突破性的贡献，但可能具有开发现有知识和技术有效整合的潜力。创新经纪人的核心能力在于其识别和发现那些切合实际需要的、非预期的解决问题的可能方案。Provan 和 Human 等将创新经纪人称为"技术经纪人"（Technology Brokers），以指称那些跨越多个产业、利用现有技术实现其他市场的突破性创新的组织或个人，他们可能发挥填补创新网络中信息与知识鸿沟的作用，可能承担技术扩散、推广、整合营销等多种功能。Howells 则在总结以往相关研究的基础上，将创新经纪人描述为"创新中介"（Innovation Intermediaries），特指那些在创新过程中存在于双方或多方的参与者中，扮演代理人或中介人角色的机构或个人，其主要行为包括帮助提供潜在合作者的信息，在两方或者多方参与者中进行协商沟通，帮助其寻求建议、资金和创新合作的支持等。Sapsed、Grantham 和 DeFillippi 用"桥梁组织"形容那些在部门创新体系中具有积极影响、补偿系统弱点，从而强化部门创造力、最终形成颠覆性创新的机构和组织。Fuglsang 和 Scheuer 在讨论公共－私人合作的创新网络中提出"边界组织"，这些组织在创新服务的平台上打破传统，将具有不同职业角色、不同价值观念和不同用户的机构联系在一起，按照统一的方式进行协作，形成跨界合作。总之，创新经纪人是指那些置身于多个专业和知识网络，能够促进知识、信息和技术跨界流动并实现创新资源有效整合的组织和个人。大量创新经纪人的存在和积极行动是一个国家或区域创新体系保持活力的关键所在，培育和促进创新经纪人发展已成为各国或区域创新战略实施的重要政策选项。

二、农业创新经纪人

农业市场的多样化、差异化和农业经营主体的结构性新变化预示着农业科技创新及其推广服务方式需求的多元化。传统的直线型农业知识技术推广模式不再能有效地发挥作用，家庭农场、农村专业合作组织和农业企业等新兴农业经营主体的兴起，迫切需要建立表达其创新的意愿、想法及各种社会经济诉求的新机制，要求在农业科技创新成果的使用者和提供者之间建立特定的互动协同关系，尽管科研机构或科研成果提供者也在致力于理解日益多元化的市场需求和科技成果推广与转化工作，但由于农业科技创新成果的使用者和提供者之间存在难以靠自身力量弥合的"信息鸿沟"和能力差距，许多创新实践依然难以有效地实施和扩散。农业生产经营主体结构及其经营环境的巨大变化，迫切需要构建和优化一种基于国家或地区农业创新体系的"系统性中介"——农业创新经纪人的服务体系和制度性安排。

借鉴创新经纪人的相关理论，本书认为，农业创新经纪人是指那些在农业产业的创新过程中，促进跨界的知识传播、技术扩散和推动技术创新的个人和机构，他们通过各种服务和策略使农业知识、科技信息和创新成果为小农户、家庭农场和农商企业等农业生产经营者所接受，并应用于具体的农业生产经营活动和商业化过程中。农业创新经纪人不仅将先进的农业知识、科技信息和创新成果推广给小农户、家庭农场和农商企业等农业生产经营者，而且将这些农业生产经营者对技术创新的需求传递给相应的知识创造和技术研发机构，从而在农业知识、科技信息和创新成果的供给者和需求者之间建立起互动协作的桥梁和机制，加速农业产业的科技创新和集约化、工业化、组织化、社会化发展，如图2-1-1所示。需要特别指出的是，与传统的农业技术推广不同，农业创新经纪人除为小农户、家庭农场和农商企业等农业生产经营者提供知识传播、技术转移或科技成果转化服务的工作外，更强调根据农业生产经营者的现实需求为其提供量身定做的多样化创新服务，包括市场开发、生产经营等。

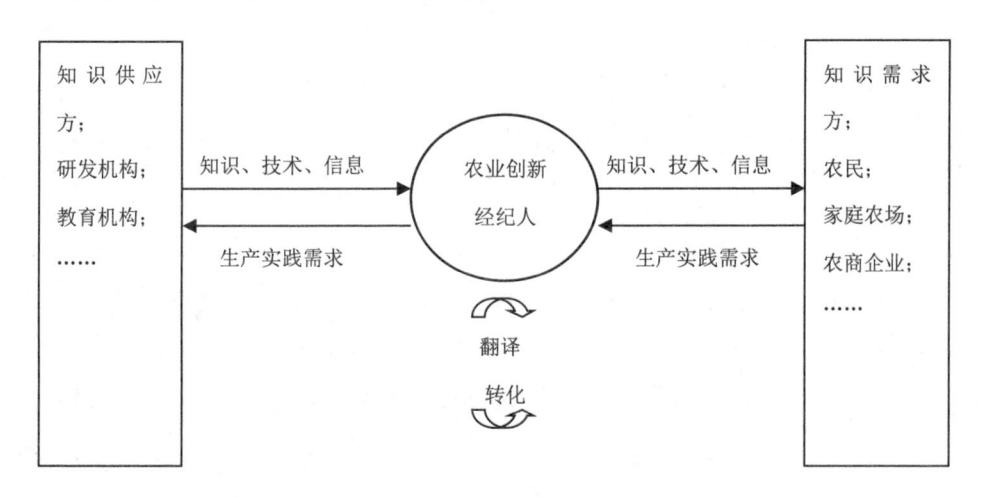

图2-2-1 农业创新经纪人在农业创新体系中的位置图

然而，在我国目前的农业创新相关研究中，并未出现过"农业创新经纪人"的称谓，也尚未有相关研究者对农业创新经纪人的行为、功能等进行系统性研究。中国农业创新和农业经济相关研究中存在的一些特定称谓与"农业创新经纪人"相似，并且这些研究对象具有部分农业创新经纪人的功能，为使农业创新经纪人的概念更加清晰，我们需要将其他主要相关研究对象与农业创新经纪人进行对比和区分。

（一）农业创新经纪人与农业技术推广员

农业技术推广员是较早的承担农业科技创新扩散职能的人员，是国家农业研究体系中的重要组成部分，一般依托于传统的线性农业技术推广体系，在中国表现为行政化的层级机构——农业技术推广站，于20世纪50年代末开始建立并承担中国的农业科学新技术、新产品的推广和示范工作，甚至在计划经济时期，还具有规划、指导中国农业生产的职责。农业技术推广员的创新扩散行为多为单向度的知识信息传递，为农业生产经营者进行新型农业科学技术的讲解和示范，但并不关注农业经营主体的事实接受程度和执行能力，也不提供生产经营和市场开发服务。

（二）农业创新经纪人与农业科技中介

科技中介是"技术转移和扩散过程中，将潜在的技术采用方和供给方联系起来、促使潜在采用方采纳和实施新技术的机构"[1]，中国的科技中介服务机构产生于20世纪80年代，最初是一些科技人员创建的以科技咨询和服务为主的小型机构，随着市场经济的深入发展和政府政策的支持，除私营部门的科技中介机构外，各级政府、科研单位及高校等也都相继设立科技处、成果处等部门服务于科技成果扩散和转化，发展至今已经有一些"能起典型示范、创新型的、实力雄厚的大型科技中介机构，逐步呈现出体系化、规范化、产业化和功能高级化特征"[2]。农业科技中介是农业科技创新扩散过程中重要的一环，但中国的农业科技中介服务机构一直发展相对滞后，主要承担的功能是进行科技信息资源整合，在科研机构和农业生产经营者之间搭建起桥梁的，提供技术咨询和服务，帮助农业科技成果交易转化等，同样也缺少对于农业科技创新完成商业化实现的整体关注与服务。

（三）农业创新经纪人与农村经纪人

农村经纪人是伴随中国市场经济的发展而产生的一类主要服务于农产品流通的人员，是指"在农村经济活动中，为促成农村生产的商品交易，而从事咨询、

---

[1] 曾刚，丰志勇，林兰. 科技中介与技术扩散研究[M]. 上海：华东师范大学出版社，2008：8.
[2] 孙雄松，田兴国. 建设与完善现代农业科技中介服务机构的思路与对策[J]. 中国高校科技与产业，2008（3）：50-51.

中介、代理、行纪以及产品运销等经营服务，并获取不同形式收益的自然人、法人或其他经济组织"[①]，主要功能是提供信息咨询、市场开发、农产品销售、帮助供需双方达成协议等相关服务，通常在农村俗称"二道贩子"，但从理论角度分析也有很多种类型，在前文中已经分析过。农村经纪人大多数为出身乡土的乡村精英，农业科技知识相对缺乏，主要侧重进行市场开发与服务。

总之，上面提到的三类不同的机构和人员都在农业创新经纪人的概念范围之内，承担了农业创新经纪人的部分职能，属于农业创新经纪人集合中的子集，与农业创新经纪人有着共同点，又存在很多的不同。本书定义的农业创新经纪人是一个相对完美的概念，但在实际操作中存在很多复杂的情况，致使农业创新经纪人表现出更为复杂的特征与类型，后文会继续研究讨论。

第三节　农业创新经纪人的主要功能

为了全面地理解创新经纪人在农业科技创新中的独特功能，相关研究者从不同的层面对创新经纪人的重要功能进行了概括和分析。罗杰斯指出，创新经纪人的功能主要是"帮助客户发现创新需要；与客户建立信息交流关系；帮助客户诊断问题所在；激发客户创新的欲望和意愿；将客户的欲望和意愿转化为行动；防止创新过程的中断，确保创新的顺利实施；确立最终关系，达到最终目标"[②]。Howells强调创新经纪人在创新技术"供应方"和"需求方"之间所发挥的桥梁和联结作用，认为其在创新过程中的作用主要有：预测和诊断，设定技术路标，收集客户需要；收集信息、情报；传递知识，促成知识共享；代理谈判和签订合同；对项目进行测试、验证、诊断、培训；提供建议，设立标准；在多方创新参与者中间进行协调；保护并管理知识产权，提供市场研究、商业计划，寻求潜在资本、组织融资，将创新商业化；评估创新技术。还有学者将创新经纪人看作创新推进的"火花塞"，是引导、连接整个工作网络存在并运行的关键联结部分，

[①] 林仁慧，王蒲华，黄跃东. 现代农村经纪人 [M]. 北京：中国农业科学技术出版社，2005：3.
[②] 埃弗雷特·M. 罗杰斯. 创新的扩散 [M]. 辛欣，译. 北京：中央编译出版社，2002：324–325.

是强化创新效果的重要工具，帮助联结整合实现创新所需要的各种有形或无形的资源；也有学者将创新经纪人比喻成"胶水"，从而将不同工作网络维系在一起，加强彼此间的信任、促进冲突的解决，通过建立不同组织间的连接、整合互补性资源、确定创新所需要的能力等寻找正确的解决方案、加速创新过程、降低时间和投资的支出，并在传递知识的过程中创造知识。在创新系统的层面上，创新经纪人建立了系统中各部分的联结平台，对创建一个新的、具有可行性和生命力的系统起到了设计、推动等作用。尤其是在存在失败高风险性的创新早期阶段，创新经纪人通过排除创新过程中的私人利益有助于降低不确定性、促进多方合作。此外，创新经纪人还在国际合作中帮助跨国集团或境外投资商与当地的本土机构或其他技术服务者进行沟通，促进信息的流通与交互、达成合作，形成共同的创新体系，促进落后地区的发展。总之，创新经纪人的功能作用不仅仅是知识传播、技术转移或成果转化，其在科技创新过程中发挥不可或缺的促进作用。基于对不同地区、不同类型的农业创新经纪人的调查研究，可以将农业创新经纪人的独特功能概括为以下三个方面：

一、帮助农业生产经营者发现并表达创新需求

农业创新经纪人通过收集农业生产经营者的创新需求、帮助其设立创新预案、建立科技创新成果供给者和使用者之间的对话等创造性过程和机制，帮助小农户、家庭农场、农民专业合作组织、农商企业及其他农业和食品产业经营者考虑拓展其生产经营活动的新的可能性，从全新的视角或从地区和全球农业产业链的层面诊断生产经营中的问题，引导其超越当前局限、克服自我认知中的盲点和创新扩散中的不确定性去寻找新的生长点，从而清楚地表达其创新需要、商业愿景，以及相应的技术、知识和政策诉求，确立有针对性的农业创新计划和创新扩散策略。

二、建立促进农业创新资源整合的创新网络

农业创新经纪人通过考察、筛选和撮合等服务帮助小农户、家庭农场、农民专业合作组织、农商企业和其他创新计划发起者、相关的创新伙伴、其他利益相

关者，包括在最合适的科技创新成果和推广服务的供给者之间建立联系和联动协商的机制，以使他们能够获取并整合多种知识、技术和创新资源，从而主动地开展各种农业创新试验，提高其应对各种经营风险和未来挑战的创新能力。

三、通过多种策略推动资源整合与集成创新过程

创新过程涉及各类不同的、有多种预期和利益诉求的创新行动者。比如，农业知识需求方——小农户、家庭农场、农民专业合作组织和农商企业等通常期望尽快地获取可应用的知识、技术解决方案以及可预期的创新收益；创新成果供给者——大学、农业研究机构的研究者等多从事可发表的研究活动；政府决策者则更希望看到政策目标的实现和公共投资的效果。创新经纪人通过应用多种策略，在拥有不同动机、价值取向和利益诉求的创新行动者之间充当翻译者或协调人，以促成诸多来自不同利益团体的创新行动者能够富有成效地相互合作，从而增强各类不同创新网络之间的关联性，减少创新过程中的不确定性。由于这些创新网络是由不同的创新行动者依据相应的规范、价值观、激励体系建立的，因而需要创新经纪人以"调节者"身份进行持续的"界面管理"和"跨界沟通"，以建立信任和工作程序、减少冲突并促进相互间的学习与协作，实现创新资源的集成整合和创新收益的最大化。农业创新经纪人对创新过程的参与还可能克服组织惰性，促使诸多创新行为者聚焦于自身的资源优势以加速创新过程。

总之，农业创新经纪人的功能实现不只是线性的"收集创新需求—建立创新网络—管理创新过程"，在整个农业创新过程中，农业创新经纪人需要反复收集创新需求，根据情况不断调整创新网络的构成，协调各方参与者的合作等，而且这些功能可以在不同的创新层面上发挥作用，既可以是简单的三者关系"研究者—创新经纪人—农户"，也可以是更加复杂的联合关系，以形成更多的纵向与横向的关系网络；既可能会涉及单个公司或多个公司甚至产业集群，也可能针对更高水平的创新系统，包括复杂的商业网络、政府和社会组织，处理更加复杂的问题。概言之，农业创新经纪人一方面需要通过组织创新的安排，如各创新主体的角色、职责及交互模式；另一方面需要改变日常工作惯例及政策，如制度设置

等来对农业创新过程产生影响。这明显不同于传统的农业技术推广者,农业创新经纪人在整个农业创新体系中扮演的是一个"催化剂"的角色——带来改变和刺激合作、一个"联络员"的角色——如告知政策,农业创新经纪人的功能发挥能够显著地促进农业创新能力建设。

第四节 农业创新经纪人的行动策略

由于农业创新经纪人在农业创新中的角色定位是推动诸多具有不同诉求的创新行动者之间的合作联动、实现农业创新活动的持续进行,因此,农业创新经纪人必须采用与传统的农业技术推广员完全不同的行动策略。

一、尽力保持公正立场

在为小农户、家庭农场和农商企业等提供创新服务时,农业创新经纪人不应以某项技术的推广扩散为优先行动的基础,而应仔细审视、诊断小农户、家庭农场和农商企业等生产经营主体所面对的限制条件和有利机会,或者立足于一个更高的水平,重新审视农业产业生产链、地区或部门所面对的机遇、风险或挑战。这种公正的审视性和评判性的立场,能够为农业创新活动的主要行动者提供一面反思、审视的镜子,促使农业生产经营者识别并发现超越现有状况和约束条件的发展机会,认识自身的创新需求并构建其创新的愿景和战略。但在实际的创新服务活动中,农业创新经纪人可能因为社会身份的差异而面对两种不同的情况:具有公共属性或半公共属性的经纪人机构,通常没有来自创新投资主体的压力与约束,他们所需要达到的目标仅仅是催化创新;而隶属于一个私人投资者主导机构的农业创新经纪人,其行动必须符合投资者的利益,因此其创新服务的目标可能会转变为如何使农民的需求和志向符合私人投资者的商业回报,而不是满足农民和农商企业家的诉求和需要。

二、努力争取创新行动者的信任

农业创新经纪人组织通常是地区性的,农业创新经纪人多数处于他们所熟悉的农商企业家和农户网络中,因而容易获取创新行动者的认同,这有利于他们通过接近企业家和农户而发现创新需求,或者组织创新行动者进行对话和交流。尽管如此,一些创新经纪人组织还需要通过提供免费服务、使农业创新过程中的各类风险和利益透明化等方式来增加农业创新行动者的信任,减少小农户、家庭农场和农商企业对创新试验的犹豫和担心,进而规避创新过程中,尤其是创新早期阶段的不确定性。

三、不断提高信息搜索和社会联结能力

农业创新经纪人之所以能够发挥其不可替代的独特作用,主要是因为他们有足够的能力自由地进出不同的社群网络,拥有可以在多个界面进行信息和资源整合的社会资本,他们不仅与传统的农业研发机构和信息传播机构等知识提供者建立并保持联系,而且与政府相关部门和机构有密切的合作与沟通,从而使他们能够获取小农户、家庭农场和农商企业难以取得的信息和资源,为特定的农业创新活动争取必要的资金和政策支持,并根据创新目标的复杂性和新颖性帮助农业创新行动者确立适当的创新资源配置策略。为了提高其信息搜索和社会链接能力,改善其信息搜索和社会服务效率,一些创新经纪人组织在诸多研发机构中设立专门联系人,以帮助其检索、查找合适的专业知识和创新成果。当然,依靠其在需求收集和建立工作网络过程中的社会联系,农业创新经纪人也可帮助研发机构等信息知识供应商提高成果转化效率和扩散规模,建立以需求驱动或以需求为导向的研发与创新工作机制。

四、动员不同创新行动者集体协作建立创新网络

创新经纪人必须通过帮助农商企业、小农户和其他想发起创新项目的人与知识创新主体或其他利益相关方取得联系,协调各方在政策、市场和社会领域等方面的冲突,并动员不同的创新行动者建立创新网络来实施和推进创新活动和计划的实现。整合各种知识资源与合作伙伴,这是发展新的创新网络必不可少的要素,

也是创新经纪人工作服务的核心。在此过程中,创新经纪人必须设计多种机制来促进不同创新行动者的合作、管理并形成不同创新行动者共同的预期,使不同创新行动者理解各自的发展处境、创新目标及各类行动者在创新过程中的作用和贡献。创新经纪人必须在冲突事件中,如在不同行动者对知识产权的归属、基金分配以及创新的目标和愿景等存在重大分歧时扮演中介和调节人的角色,帮助不同的创新行动者相互理解,考虑整个创新活动的总体战略以克服个体分散的惯性和惰性,加速创新活动的顺利推进。

五、通过适当机制推动现行政策体系变革

农业创新经纪人在服务农业创新行动者时必须建立适当的机制,以保证特定的创新活动不被当前的现实条件约束。许多农业创新经纪人通过促进与农业部门内部和外部有关机构的合作,以及远景规划、启动创新项目等机制,为推动农业创新和应对粮食安全、食品安全和气候变化等做出了重大贡献。由于基于长远发展而设置的创新议程通常具有前瞻性和原创性,因此一些创新观念和计划在早期因为超出现有的政策框架等而备受质疑,这就需要农业创新经纪人及时向利益相关者通告研究和政策议程,与政策制定者保持密切的沟通,以推动政策和法律的完善。

第三章　中国农业创新经纪人的研究框架

在农业创新经纪人理论基础上，对农业创新经纪人的特征以及国外农业创新经纪人的类型进行简单的分析与研究，总结了中国农业创新经纪人的主要类型。同时选择了"行动者为导向"的理论框架进行借鉴，根据实地调研所获得的材料以及中国农业创新经纪人的特征和类型，提出了中国农业创新经纪人研究的分析框架。

第一节　农业创新经纪人的特征

本书从功能的角度对农业创新经纪人进行了概念界定，凡是承担这种职能的个人或机构都可以称作农业创新经纪人，然而由于产生背景、环境不尽相同，农业创新经纪人群体本身总体呈现出复杂性和多样性的特征，具体表现为以下几个方面：

一、主体构成复杂

农业创新经纪人的身份不是特定的，可以是单独的个人，如具有较高技术能力的农民或专业技术人员等；可以是社会群体组织，如农民专业合作社、专业技术协会等；可以是具有法人性质的组织，如农业龙头企业、农业科技公司的某个部门等；可以是具有公共性质的单位，如公共科研机构、高校、农业技术推广站等；也可以是政府的职能部门，如农业、科技等相关部门。同时，农业创新经纪人所表现出的形态也是复杂多样的，有时以个人身份进行活动，有时以组织的名义运作，有时采用网络信息技术以应用系统或网站的形式工作，有时甚至以项目的状态呈现。

二、组织形式多样

由于人员、运作形态的复杂，导致农业创新经纪人组织形式呈多样化发展。从组织性质看，有社会群体组织如农民专业合作社，企业法人组织如农业龙头企业，政府公共组织如农业科研机构等；从组织规模看可大可小，既包括各级农业技术推广站这类全国性大型公共组织，也包括村级农资经销代理人、农产品销售中介人等在内的个人。从组织结构看，既有简单个人，也有由不同机构共同组成的工作网络等。

三、公益营利共生

中国传统的具有农业科技推广职能的机构均为公共性部门，如各级农业技术推广站、农业科研机构、高校等。随着市场经济的深入，一方面农业科研机构经过一系列改革，产生了许多新型的技术研发、推广的部门和组织，尤其是具有营利性质的技术中介、推广组织蓬勃发展；另一方面农业产业发生了革命性的变革，农业经营主体表现为多元化的趋势，一些农业公司的特定部门或农民专业和组织等非专业技术研发或推广机构也起到了农业创新经纪人的作用。所以形成了农业创新经纪人公益性、营利性共存的状态，甚至某一类型的农业创新经纪人本身会呈现出这两种状态，如中国的科技特派员，他们的身份很多属于公共性的机构的工作人员，但在进行科技特派员工作的时候，通过自己的经营还可以获得除所在机构支付的薪酬以外的营利性收益，这类情况会在后文中详细论述。

第二节 农业创新经纪人的主要类型

一、国外农业创新经纪人的主要类型

农业创新经纪人有多种存在形式，并在不同层面的农业创新体系中发挥各自独有的作用。荷兰瓦赫宁根大学的传播与创新研究团队通过对荷兰农业创新经纪人的调查分析，对其进行了不同分类。

(一) 按照服务对象的差异分类

1. 创新顾问 I

以个体农民为服务对象,主要帮助农民对其经营农场进行创新、优势、不足、机会和威胁(SWOT)分析,制定创新战略,围绕农业技术的渐进创新实践建立与各类服务商和利益相关者之间的联系,其组织形态包括营利的私人公司、政府机构和非营利基金会。

2. 创新顾问 II

以农民协会和中小型农业企业为服务对象,旨在帮助有共同创新诉求的经营主体围绕特定创新实践识别、整合创新资源。其组织形态包括营利的私人公司、政府机构和非营利基金会,如由省级和地区政府、私立研究和推广机构、地区农业院校和地区农民协会联合创建的北荷兰农业知识中心(AKC-NH)。

3. 伙伴网络创新经纪人

类似于"农民田间学校"和"研究协会",致力于农户间非正式的知识交流的伙伴网络"学院"建设。其运行主要靠公共资金,农户只需缴纳少量的参与费。如奶业研究院(DFA),就是在创新经纪人指导下由奶业农户集体建立的以利益共享为基础的一个伙伴网络,其活动包括通过一个在线的数据库开展信息交流服务,将网络成员的农场作为示范农场,让有经验的农民担任创新导师,组织农民围绕共同的兴趣主题举行讨论会议等。

4. 系统性创新经纪人

此类创新经纪人区别于前面三类的主要特征在于其超越个体农场、公司或者农场与公司的网络,指向更高层面的包括商业活动、政府和社会主体的创新体系,主要服务于复杂的社会经济问题解决和根本性创新实践。这类创新经纪人通常是一个由政府提供资助的公民社会组织,致力于超出传统的政府或私人企业之外的创新活动和政策诉求。如创建于2000年的乡村和农业创新网络(INRAAS),致力于广泛的农业和非农业行动者之间的利益协调,以降低农业对环境的不良影响,促进单一农业向多功能农业转型。通过创新预测、网络建设以及启动共同确认、开发和实施创新试验,INRAAS意在促使系统中诸多行动者的共同行动来促进农业创新实践,并变革相关的政策、准则、习惯、标准、程序和法律等。这类创新经纪人促进创新实践的一个成功例子是推动利益相关者实施了一个将温室从主要的能源使用者转换为能源供给者,其不仅涉及观念的变革和组织的再造,如电网使用方式的变化等,还涉及能源公司和政府规制部门等,远远超出个体温室所有者的能力和范围。

5. 以网站为基础的创新经纪人

以网站和数据库为基础,向农民或相关机构传递农业知识与技术、市场信息以及服务供给者信息。这些网站、数据库的存在形式或者为单独设立,或者作为一项研究计划的一部分,其建设资金或者来源于商业运营,或者通过政府提供补贴,主要作用是整合各类资源向农民或相关机构传递知识与信息。

6. 设有"创新代理人"的研究委员会

旨在通过推进决策者、研究者和使用者之间的跨界沟通来为农业生产经营主体提供量身定制的研究开发和创新服务,例如通过"Bioconnect",所有在有机农业价值链上的相关主体组成创新工作组,通过创新代理人从中协调,讨论并提出共同关心的创新议题,确定公共研究资助的创新项目。创新代理人履行促进者的职责,负责知识共享和交流,协调不同群体的利益诉求,推进议题设置过程中的参与式研究,加强研究与市场开发的联系,以使创新实践发挥最大的社会效益。

7. 教育创新经纪人

指在政策制定、教育和科研层面上起作用的跨界组织,通过支持"绿色知识协作"网络建立职业教育机构、科研院所和创新主体互动的机制,以农业院校为中心回应各种创新诉求,并作为"内容经纪人"向教育机构提供来自实践和科研的最新观点等。

此外,荷兰瓦赫宁根大学的传播与创新研究团队还依据发展中国家的农业创新经纪人出现和发挥作用的条件,将大多数发展中国家存在的农业创新经纪人概括为十种类型。[①]

---

① Klerkx L., Hall A., Leeuwis C..Strengthening Agricultural Innovation Capacity: Are Innovation Brokers the Answer [J].International Journal of Agricultural Resources, Governance and Ecology, 2009, 8(5/6): 409-438.

（二）按照国家发展程度分类

1. 本国内的非政府组织

这些机构协助农民与研究者之间建立联系，获取适宜的技术；或者采用参与式创新发展方式，一方面关注当地农民自身的创新发展，在农民、商人、工匠、研究者、推广员之间建立联系，另一方面组织决策者对当地农民进行实地考察，向管理者、规划者和决策者带来制度性的变化，从而建立合适的国家计划，同时引荐农民进入工作团队，组织"农民创新市场"提供创新者分享经验的平台；或者采取以多元主体参与互动学习为基础的集体创新方法等，通过多种方式帮助农民学习并应用技术，并关注农产品市场销售，带来农民生计水平的提高。通常这些机构都有基金支持，或者可以获得捐赠资金。

2. 国际型非政府组织

此类机构的具体做法也是建立多元主体（包括公用部门、私人企业、农民、农民组织）共同参与分享的平台，在技术和配套设施的供应链中进行协调，帮助农民获取适宜技术，改善农村生计。他们关注的不仅是某项特定技术的发展与应用，更强调制度方面的创新和自然资源的有效利用，建立创新发展的长效机制。

3. 国际救援机构

主要是一些发达国家的国际发展机构在发展中国家的援助活动。具体做法是在具有文化差异的不同国家的企业间架设沟通桥梁，建立双方的信任，进行企业联合；或者是建立主题工作网络，是机构内部和外部的顾问进行交流，并通过知识网络和信息数据库的平台共享经验，搜集相关经验和专业知识，更好地为当地客户服务。

4. 农民或工业协会组织

此类组织能够联合农民形成群体作用，使他们能够与正式的农业研究推广机构或其他组织建立关系，从而影响研究推广的议程设置和执行，在产业和研究机构之间作为一个独立的经纪人，收集并明确产业需求来设置研究重点，通过信息通信技术平台建立供需双方的联系解决实际问题。

5. 国家研究项目执行机构

这些机构的主要贡献在于为广泛的参与者——农民、农民组织、非政府组织、供应商、贸易商、研究机构、推广服务机构、决策制定者等，建立了联系、设置了对话平台、构建能够互动的创新工作网络。这些工作网络有的在本地区组建，有些则包括多个地区的参与者，促进不同地区农业创新系统间的互动和制度的变迁。

6. 救援项目机构

这些特殊的援助项目最大的作用在于将以需求为导向的研究制度化，使技术适应于农民的现实需求。有些通过建立工作网络在农场进行分层调查，收集技术需求，明确农民对于一些技术类型的显性或隐性的预期，并建立农民与研究者的对话渠道，使技术得以反复地测试和调整，或者采用技术博览会的方式使农民可以看到新的技术并对其进行反馈。有些建立与当地人共同管理的委员会和项目办公室作为创新经纪人，通过综合的自下而上的方式对农民进行需求评估，帮助农民参与进一步的研究计划，使传统的以实验室为中心的研究与以农民为中心的研究相结合，使科学家和研发人员能够建立并体验制度创新，认识农民的生活世界。这样可以使研究者更清楚地知道需要吸收什么和他们的研究成果是如何被应用的。

7. 科研机构

创新经纪人角色是某些科研机构承担的一个新的功能，在公共部门和私人部门之间建立联系，提供创新研究链条和市场交易链条中不同组织沟通对话和学习的平台，使不同参与者发出各自的声音，建立彼此间的信任和尊重，在构建有利于创新和共同创造的中立空间的同时，更关注解决实际问题。

8. 专利权买卖中介

这些机构大多是非营利性的，主要活动是帮助发展中国家的研究机构向发达国家的私人部门购买生物技术专利，存在的问题是，多数专利技术限定在研究机构内部，与当地农业现状缺乏关联，很难使技术在实际中应用。

9. 政治行政组织

多数采用基金会的方式，有些组织提供资金扶持具有针对性的应用技术创新项目和知识管理计划；有些组织是协助建立农户需求与农业研究的关联，提供农户参与研究工作的机会，促进广泛互动，形成以"需求"为导向的创新研究；有些组织为新的农业企业提供创新资金，推进跨国合作，通过国家访问、促进知识产权购买、与跨国公司合作、海外投资等方式获取国外技术资源。

10. 以信息通信技术为基础的经纪人

尽管在通常情况下，信息通信技术更多的是操作层面上的应用，而不是战略创新为目的，但一些以信息通信技术为基础的方式起到了创新经纪人的作用，例如存在问题的农户可以通过计算机和互联网访问所需要的相关信息，或者通过使用信息通信技术上传分享研究成果档案，加强参与者之间的知识流动，向其他参与者开放研究过程，进行多声音、多知识的互动，扩大研究的参与广度。

研究指出，与荷兰那些新型和专门的创新经纪人机构不同，在发展中国家或新兴国家中，许多现有组织除他们目前具有的如支持、代表、自助和研究功能之外，还承担了创新经纪人的角色，这个新的角色有的是特意设置，有的是偶然发生。在发展中国家尽管并不是所有的农业创新经纪人的努力都取得了成功、影响也尚未明晰，这些组织机构似乎与荷兰农业创新经纪人相似，同时也在农业创新方面产生了有利的影响，但是某些机构仍然是在有限的范围内起作用，他们只能建立研究者和用户间的联系，而没有创建更广泛参与者的工作网络。

二、中国农业创新经纪人的主要类型

中国真正意义的农业创新经纪人出现于在 20 世纪 80 年代后期，其产生与中国农业科技市场的特征有关。一方面，农业技术市场需求方——农户、农商企业对技术的潜在需求大，农业生产经营者迫切需要适用技术来提高农业劳动生产率和经营水平；另一方面，农业技术市场供给方——科研院所、高校也需要出让科技创新成果实现其应用价值和社会效益。但由于农业科技创新成果专业化程度高，适用面窄，只能在特定的生产条件和地域环境中应用，以及需求方与供给方之间缺乏有效沟通，农业科技创新成果技术合约履约率低。基于对农业科技创新市场现实需求的分析和判断，一些多年从事农业技术推广、了解科技创新服务机制的科技人员开始自觉不自觉地发挥农业创新经纪人作用。随着"星火计划""科教兴农战略"以及"国家农业产业体系建设"等战略和政策的不断推进，各级政府、农业科研单位、农业企业和专业农户日益认识到农业创新经纪人的重要作用，逐渐探索出各种新兴的技术推广和创新经纪人服务组织和机制，如农业科技示范园区、农业专家大院、科技特派员、"农技110"、产学研创新联盟等。中国农户经营面积小，农业生产利润微薄，科技服务不容易获得高额的利润，所以单纯依靠科技中介或服务的机构在中国难以生存，中国目前存在的这些农业创新经纪人组织和运行机制大多已经不是单一地从事农业知识信息传播或单一技术成果转化的工作，而是直接面向农户、家庭农场、农民专业合作社、农业企业提供全方位的资源整合与创新服务。按照产权结构的不同，中国的农业创新经纪人大致划分为政府主导型、市场驱动型、社区自助型和个体经营型四种类型：第一，政府主导型的农业创新经纪人是由各级政府出资建设，如各级农业技术推广站、农业科技创新推广项目的实施者、科技特派员、农村科技示范带头人等。第二，市场驱动型的农业创新经纪人则以市场需求为导向，高效整合各类科技创新成果、社会资本和智力资产，通过为农户、家庭农场、农村专业合作组织和农商企业提供农业生产经营和创新服务而获益，是基于其主营产业市场拓展的需要而对各类农业生产经营主体提供创新推广与服务的机构和组织，如各类农业种子、化肥、农药、饲料、疫苗、农业机械等农业产前服务公司。第三，社区自助型的农业创新经纪人主要是由特定社区的专业农户、家庭农场等基于自身生产经营需要，通过契约关系而自发组建的自我创新服务组织，如各类农村技术协会、农村专业合作组织等。第四，个体经营型的农业创新经纪人是由乡村技术精英或从农业科技机构分流出来的技术人员所创建的各类农业科技服务和创新推广机构，他们一般根据农业生产经营主体的现实需要，为农户、家庭农场和农民专业合作社和农商企业提供咨询、技术指导等创新服务。这些不同类型的农业创新经纪人在推动中国农业科技创新扩散、完善农业创新服务机制与推广模式等方面发挥了重要作用。

借鉴瓦赫宁根科研团队的研究方法，我们尝试对国内农业创新经纪人做如下分类（表3-2-1）：

表 3-2-1 中国农业创新经纪人的主要类型

类 型	主要工作内容	举 例
传统型农业创新经纪人	利用在科研机构和政府部门的信息优势，为农户、家庭农场、农民专业合作组织、农商企业和地区政府提供农业产业结构调整和创新的建议；农业技术人员深入田间地头，发现农业生产经营主体的创新需求，协调整合创新资源促进农业创新实践的实施；基于国家五级农业技术推广站的组织优势，负责全国范围内关键性、公益性的农业技术引进、示范、培训、指导、检测等工作	农业技术推广站；农业、林业、水利等相关政府部门
市场型农业创新经纪人	根据乡村农业资源禀赋和市场需求，出于商业公司销售、建立原料基地的目的，为农户、家庭农场或农民专业合作社等引入新知识、新技术、新品种等农业创新要素，并整合技术、市场、政府等各类资源，帮助农业生产经营主体实施完成农业创新	农业龙头企业；乡村农资经销代理人
技术型农业创新经纪人	或依托"星火计划"等国家或地区技术推广项目，或依托具有创新优势的中央或地方科研力量、科技资源，为农户、家庭农场、农民专业合作社、农商企业等农业生产经营主体提供资金支持、技术支持或基础设施	农业产业技术体系；农业科技示范园区
互助型农业创新经纪人	为组织内部农户、专业种养户提供正式或非正式的交流、学习和技术培训，统一进行农资购买和农产品销售	农民专业合作社；农民专业技术协会
信息型农业创新经纪人	以信息通信技术为基础，应用大众媒介、通信或互联网络等多种技术和手段，为农户、家庭农场、农民专业合作社和农商企业等提供农业知识、技术培训、市场信息等服务，建立农民与专家之间的互动交流平台	农技"110"；农业信息门户网站
知识型农业创新经纪人	以区域农业试验站为中心回应周边农户、家庭农场、农民专业合作社和地区政府的创新诉求，为各类生产经营主体提供技术和种养示范试验、咨询服务和技术培训服务，并为农业院校提供教学实习服务	区域农业实验站；农业科教示范园
系统型农业创新经纪人	超越"研究者—农户"的简单联结和线性农业推广模式，建立多元主体参与的协同创新网络，指向更高层面的包括商业活动、政府和社会主体的创新体系，服务于复杂的社会经济问题解决和创新实践，致力于超出传统的政府或私人企业之外的创新活动和政策诉求	科技特派员

实际上，中国农业创新经纪人存在与发展有其特有的经济社会背景，不同类型的农业创新经纪人在行为活动、职责功能等很多方面相互交叉，呈现出界限模糊、类型较多，成员、组成形式、表现形态等较为复杂，功能作用难以统一的情况，并不完全符合农业创新经纪人理论中的界定和设计。通过对实地调研资料的

整理与归纳，本书将重点分析目前在中国农业生产中影响力较强、直接与农户接触并且联系较为紧密、推广效果较好的四类农业创新经纪人：第一，系统型农业创新经纪人——以科技特派员为例，其功能体现相对比较完善，既具有科研能力，又提供科技服务，同时还关注农业生产经营过程，建立了联合政府、科研、农户、市场的多方参与主体的工作网络。第二，互助型农业创新经纪人——以农民专业合作社为例，为了降低市场行为中的交易成本，农民自发形成互助性经济组织，形成规模化的农业生产经营，并以组织为载体与其他农业科技创新主体进行互动，获取先进的农业知识与技术，完成组织成员的共同发展。第三，市场型农业创新经纪人——以农业龙头企业和农资经销代理人为例，为适应中国农业生产标准化、规模化的发展需求，保证农产品的产量和质量，农业龙头企业在获取经济效益、完成市场需求的同时，主动向农户提供科技服务，与科研单位进行合作研发，促进农业科技创新扩散；农资经销代理人为了销售自身经营的农资产品，向农户提供相关的农业科技服务，某些农资经销代理人以其在乡村社会中的影响力为依托，还进行农产品买卖经纪人的活动。第四，知识型农业创新经纪人——以科研单位基层科技服务机构为例，具有较强的科研能力、专业的农业科技知识，关注农业科技创新的应用，但较少涉及创新商业化完成后的市场开发工作。

第三节 本书分析框架

"行动者为导向"的研究方法"从行动者的角度去看待问题和事件，通过对特定环境深入的理解和反应，来关注社会的异质性和动态性问题，强调各相关行动者的能动性，同时注重分析各相关行动者的互动界面"。这种研究方法首先强调社会行动者"可以以多种形式出现，除个体外，还包括具有决策能力和行动方式的公司、机构以及国家政府、宗教组织或国际组织等"；重点关注社会行动者的能动性，即"行动者获取知识（社会经验）的能力以及在日常生活中甚至在各种极端困境下展开其行动或应对策略的能力"；同时把社会行动者活动的社会界面看作"是不同社会系统、领域、范畴或社会秩序的层次之间的交集的关键点"，进而分析社会行动者所处的错综复杂的社会关系和社会网络，指出社会行动者的能动性"呈现在社会关系中并通过社会关系发挥其作用"。这种研究方法有助于我们分析处在多层界面中的农业创新经纪人的活动特征和行动策略。

本书以"行动者为导向"的研究方法为基础，对不同类型农业创新经纪人的动机、行动策略和社会界面进行考察和分析，提出中国农业创新经纪人主要类型的研究框架。本书假设：

第一，农业创新经纪人是国家农业创新体系中的社会行动者，这种行动者可以以多种形式出现，具有不同的决策能力和行动特征；

第二，农业创新经纪人处在不同的社会界面，他们多数在两个以上的社会领域从事跨界活动，拥有多重的社会关系和广泛的社会网络；

第三，农业创新经纪人是具有能动性的农业创新推动者，他们具备有效整合各类农业创新资源的社会能力，可以为农业生产经营者提供量身定制的农业创新服务。

基于这些考虑和前面的分析，本书重点对四类农业创新经纪人活动的动机、策略以及所处的社会界面进行综合研究与分析，进而讨论不同类型农业创新经纪人的社会作用，以此为中国国家农业创新服务体系的建设提供决策参照。具体框架分析如图 3-3-1 所示。

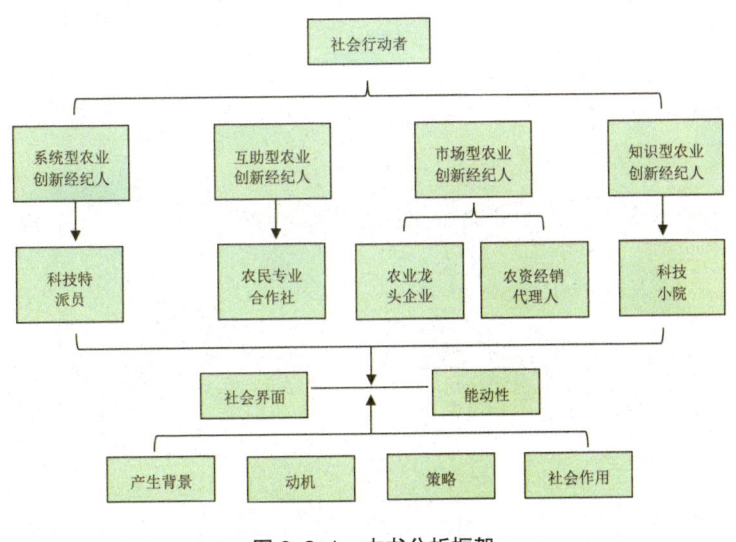

图 3-3-1　本书分析框架

第四章 系统型农业创新经纪人

本书将跨越了不同组织体系、身兼多种身份的农业创新经纪人界定为系统型农业创新经纪人,他们超越"研究者—农户"的简单联结和线性农业推广模式,建立多元主体共同参与的创新网络。系统型农业创新经纪人本身有着层级明晰的组织结构,活动内容指向更高层面,包括商业活动、政府行为和社会主体农业创新服务等,服务于复杂的社会经济问题解决和创新实践,致力于超出传统的政府或私人企业之外的创新活动和政策诉求。中国的科技特派员跨越不同部门的分割,整合了行政、科研、技术、市场等多个部门体系的优势资源,通过与农户建立利益共同机制,在向农户提供科技服务的同时,促进农业创新的商业化实现,发挥了农业创新经纪人的作用,是典型的系统型农业创新经纪人,本章介绍了科技特派员制度产生的背景和发展过程,以"宁夏模式"为例,详细讨论了科技特派员以农村创业为载体向农户提供全面的农业科技服务的行为动机和行为策略,以及科技特派员创业行为所起到的重要作用。

第一节 科技特派员制度的产生与发展

一、科技特派员制度的产生

科技特派员制度是中国基层农业科技推广体制的一次有益革新,发轫于1999年福建省南平市的一场制度改革试验。20世纪末,中国的"三农"问题面临严重的经济、政治和社会危机,时任福建南平市市长的李川下乡走访,有农民"指责官员对待农民问题,就像皮球丢进井里,漂浮着,沉不到水底"[1]。为了让"皮球"

---

[1] 章敬平. 南平寓言[M]. 杭州:浙江人民出版社,2004:3.

可以沉入水底，解决农业和农村工作中的一些问题，在市长李川的倡导下，南平市委、市政府开始了"选派科技人员下村开展科技活动"，并将这些科技干部称为"科技特派员"，随后又相继下派了"村支书"改造贫困农村、"乡镇长流通助理"构建农产品市场流通渠道、"龙头企业助理"促进农业产业化、"金融助理"帮助农民获取小额贷款。"五只皮球"相继入水，使南平农村状况取得了多方面的改善："南平农民人均增收速度高出福建平均水平的一倍，2001年达到5.9%，次年提高到9%。2003年越级集体上访批次和人数，比上年分别下降38%和36.7%"，下派官员对政府职能转变和官员素质提升也具有重要意义，"截至2004年初，南平市分批下派干部近5000人，约占南平机关事业人员的4%"，下派干部在使"各种社会资源有效地下移到基层村落"的同时，也给了官员们深入农村、了解农民疾苦和"设身处地换位思考的机会"[①]。

2002年，科技部在南平召开会议总结科技特派员制度的创新实践经验，并在同一年于西北五省开展科技特派员制度试点工作。2005年，科技部与人事部联合发文在全国推广科技特派员制度。2006年，中国科技部、商务部与联合国开发计划署联合推广科技特派员制度，探索建立中国式农村科技扶贫创新与长效机制。2009年，科学技术部、人力资源社会保障部、农业部等8个部门在北京联合召开全国科技特派员工作会议暨农村科技创业行动启动仪式，会议印发了《关于深入开展科技特派员农村科技创业行动的意见》，大力倡导并推动科技特派员农业创业行为。

二、科技特派员制度的发展与探索

经过多年的探索与实践，科技特派员的服务形式由原来的技术指导、人员培训等向"资金入股、技术参股、技术承包等方式"不断扩展，科技特派员与所在地区的"农民、专业大户、农民合作社、龙头企业结成利益共同体，创造了科技中介服务型、技术资金入股型、企业有偿聘用型、独资创办科技实体型、科技项目有偿承包型等各具特色的服务形式"。科技特派员行动的参与主体也由最初的以相关行业的科技人员——包括各科研院所、高等院校、企事业单位的科技人员

---

① 章敬平. 南平寓言[M]. 杭州：浙江人民出版社，2004：16.

等为主，向更加丰富和多元的趋势发展，目前中国科技特派员队伍的组成人员除科技人员以外，还包括高校毕业生、返乡创业农民工、农业企业法人、农村致富带头人、离退休人员及企业人员等。

随着制度的不断深化和创新，不同省市科技特派员制度根据地区发展环境和市场条件逐渐形成各具特色的发展模式，最具代表性的有四种（表4-1-1）：第一种是以科技特派员制度发源地为代表的"福建南平模式"；第二种是以西部宁夏为代表的"农村创业模式"，集中体现西部科技特派员试点区的经验；第三种是以浙江为代表的"团队科特派模式"，代表着东部经济发达地区科技特派员的经验探索；第四种是以广东为代表的，将科技特派员制度和特色产业、工业强镇科技特派员相结合的"企业科特派模式"。

表 4-1-1 科技特派员制度代表模式

省份	模式	特色
福建	福建南平模式	以科技特派员专项创业基金为依托、以科技项目为载体开展农业科技服务
宁夏	农村创业模式	科技特派员创业行为与农业科技服务相结合，鼓励科技特派员建立市场经济实体
浙江	团队科特派模式	以科技特派员团队形式运作，进行集成农业科技服务，同时满足产业链各环节中的不同科技需求
广东	企业科特派模式	科技特派员及其所属高校或科研机构与相关企业进行双向选择组建特派员工作站，共同组建科研平台、培训实习基地，联合开展科研项目申报及攻关等

科技特派员制度"培育了一支重要的促进农村发展的科技队伍，建立了一个政府推动与市场拉动结合、利益共享与风险共担结合的新型农村科技服务体系，探索了一条发挥科技引领作用、转变生产经营方式、加快形成城乡经济社会一体化新格局的新型发展道路，成为农村改革发展中一个突破性的制度创新"[①]。部门之间"条块分割"一直是中国传统以行政体系为主的农业科技推广服务工作中的

---

① 中央党校课题组，曾业松，赵建军. 一个突破性的制度创新——中国农村科技特派员制度研究报告[J]. 中国农村科技，2009（6）：60-63.

最大弊端，由于各部门利益诉求不同，导致相关人员在从事农村发展工作过程中形成各自为政、资源分散、行为重复的局面，在农业科技推广中存在"政府失灵"的现象，科研系统同推广机构分离，推广系统同生产系统脱节，降低了农业科技推广工作的有效性。科技特派员制度运用"市场机制+行政干预"的手段，不仅弥合了科技研究—技术推广—生产应用系统的裂缝，而且将政策、科技、资本、人才、管理等要素进行资源整合，由单一的技术推广扩展到资金、信息、加工、销售、管理等综合性服务体系。

第二节　科技特派员制度设计与发展实践
——以"宁夏模式"为例

宁夏回族自治区是继福建南平之后最早开始进行科技特派员试点工作的五个省份之一，在吸取南平经验的基础上结合本地情况，率先提出了科技特派员创业行动，经过十多年的发展形成了自身独特的发展模式，并取得可观的成绩。相关研究者通过实证研究对全国各省市科技特派员农村科技服务工作的绩效进行分析和评价，宁夏回族自治区在服务与创业绩效方面排在首位，具有很强的典型性与代表性。笔者于2013年8月赴宁夏回族自治区进行实地调研，共走访科技特派员与相关部门工作人员共12人，获得丰富一手资料，根据整理的资料对科技特派员制度"宁夏模式"的具体设计与实践进行总结，尤其是对科技特派员创业行为的特征与策略进行了总结。

一、"宁夏模式"的制度设计

2002年，宁夏回族自治区政府提出36个字，对"宁夏模式"科技特派员制度的主要内容进行了概括："立足科技项目，突出科技创业；实施体制创新，注重金融推动；坚持市场导向，实行三线推进。"宁夏回族自治区科特派创业指导服务中心王主任对这36个字进行了如下解释："作为我们科技部门来说，抓（工作）肯定是以项目为依托，所以叫'立足科技项目'；创业作为这项工作的核心，创业才能够有动力，才能够持续，所以'突出科技创业'，这里面把科技创业提到一个很高的位置，因为以前'创业'科技部门提得不多，科技更多的是引领示范，科技创业提得不是太多；后面讲的'体制创新'，因为要引导这些人，体制内的人出去工作，如果制度上不进行改进的话，很难开展工作，所以要'实施体制创新'；科特派创业是要培育市场主体，市场主体的发展必然离不开金融的推动和支持，项目只是一个引导，'注重金融推动'是第二个层次，也是宁夏回族自治区最早尝试的做法这项工作离不开政府的支持，所以'三线推进'讲的是政府这条线、市场这条线、社会这条线，三线来推进。"

由此可见，这36个字体现了"宁夏模式"的三个创新点：以政府实施的科技项目为载体，鼓励科技人员创业；为科技人员的创业行动提供金融支持；鼓励社会力量参与，尤其是充分利用市场机制和动员社会资源。[①]

为了配合科技特派员工作的开展，宁夏回族自治区政府还从组织架构上进行了安排，成立了科技特派员工作领导小组，小组组长由当时分管农业的自治区副书记担任，时任自治区主席助理的张来武担任副组长，还有两个副组长分别负责农业和科技，科技厅厅长担任领导小组办公室主任，农牧厅厅长和财政厅厅长分别担任副主任，并要求各市县也比照这种模式建立了相应的科技特派员管理机构，在组织层面对各部门进行了融合，降低了部门分割对工作所产生的影响。

宁夏科技特派员政策和制度创新归纳为以下四个方面：第一，"三保两优先"保障政策，"三保"指的是对于委派为特派员的公务人员和事业单位人员，保留原行政职务，保留原工资、福利、奖金等待遇，保留原单位的编制；"两优先"指的是对于成效显著的特派员，优先聘任专业技术职务，优先提拔重用。第二，"三不三奖"激励政策，"三不"即对于科技特派员创业收入多少不查、技术入股的比例不管、自愿到第一线创业的人员原单位不阻留；"三奖"是对有重大贡献的科技特派员奖励1万～3万元，给予工作效果明显的特派员工资晋档的奖励，授予指导农民增收幅度较大的特派员"优秀公务员"奖励。第三，鼓励科技创业，科技创业指特派员创办经济实体以及从事具体的生产和流通活动，因此创业利润将替代技术咨询服务收入，成为特派员的主要收入来源，科技创业得到政府项目和

---

① 檀学文. 宁夏科技特派员制度的机制与效果［J］. 中国农村经济，2007（4）：60-68.

资金的扶持。第四，鼓励建立利益共同体，所谓利益共同体是指特派员与农业生产经营者共同承担生产和经营中的风险和利益。

虽然科技特派员制度政策具有很强的推动力，带动起很高的工作积极性，但是进行农村科技创业，需要将"科技"和"经济""管理"等要素相结合，而以事业单位的技术人员为主的科技特派员队伍缺乏经营、管理的能力禀赋，后期经营和管理能力的欠缺对于农村科技创新行动产生了严重影响和限制。在这种情况下，宁夏回族自治区政府又从以下三个方面对特派员政策制度和工作机制进行了完善：

（一）人员管理

2008年，科技特派员领导小组调整扩充了特派员的渠道来源，鼓励乡土人才和大中专毕业生等加入科技特派员队伍，提出"凡是能够把科技、信息等现代生产要素带到农村，和农民结成利益共同体开展创业，经过相关部门的认定，本人申请就可以成为科技特派员"，目前科技特派员人员构成按照属性分为自然人和法人两类，自然人分类包括来自行政事业单位的技术人员、未就业大中专毕业生、外来特派员（外省来宁夏创业的特派员），以及企业特派员，还有随着宁夏农村网络信息化而产生的信息科技特派员。按照身份主要分为三类：乡土人才、行政事业单位技术人员和大中专毕业生。在选派机制上采取申请人和基层服务地点"双向选择"的方式。同时，建立科技特派员数据库，搜集整理特派员的情况信息，对特派员队伍进行动态管理。

（二）金融支持

原来在自治区层面上成立了担保公司，对特派员贷款进行担保，但由于审批程序耗费时间和精力收效甚微，从2008年开始将担保贷款工作重心往下移，将担保贷款放到县一级，成立担保基金，由县区科技特派员办公室和当地的金融机构签订协议，放贷的程序按照市场操作，简化了审批程序，节省了时间成本和人力成本，同时加大了担保贷款额度，比如由原来的50万元，按照一比五放大可以贷到250万元。

(三) 创业培训

科技特派员的工作要求是"做给农民看、带着农民干、领着农民赚",最终要落实在让"农民赚",得到农民的认可需要使农民看到科技特派员农业创业的实际收益,而部分特派员的经营能力欠缺是一个巨大的短板。2008年,宁夏回族自治区成立了科技特派员培训学院,采用国际劳工组织的教程,专门针对特派员开展创业能力方面的培训,还针对与科技特派员相关的国家、地方政策进行讲解。

经过十年的发展,截至2013年,宁夏科技特派员队伍总体近6000人。同时,为了强化科技特派员创业行动,认定法人科技特派员成为宁夏最近几年特派员工作的重点,特派员队伍中有2000多人开展了创业行为,建立经济合作组织1500家左右,各类农业企业300家左右,自治区认定的一级的法人特派员达到401家。

"宁夏模式"的精髓是鼓励科技创业[1],"科技创业是在市场化、国际化进程中,推进现代企业制度和经营方式转变,推动科技生产要素,包括现代金融和信息要素,进入生产经营领域,提升经济结构和产品品质的过程,科技创业不仅是微观层面企业的创办和农业经营主体的创新,更是农业发展方式、农村生活方式和农民从业方式的再创造,在'三农'领域对创新驱动发展做了先行一步的探索"[2]。宁夏科技特派员的实践证明,科技创业是以农户需求为导向,服务农业产业发展、农民增收、农村繁荣的重大体制创新,是把科技人才、科技成果、科技知识等现代科技要素引入农村、推进城乡统筹发展的有效途径,所以,我们下面主要分析科技特派员在创业行为过程中的动机和策略。

二、科技特派员农业创新服务行为动机

经济学的基本假定之一是理性人,理性人是指在给定约束条件下自己偏好的最大化,理性人分利己主义者与利他主义者。科技特派员科技创业行动就是为了满足农户与特派员个人偏好的最大化,农户选择科技服务是为自己利益的最大化,科技特派员行为在满足农户需求最大化的同时,对特派员本身也带来经济效益,

---

[1] 檀学文. 宁夏科技特派员制度的机制与效果 [J]. 中国农村经济, 2007 (4): 60-68.
[2] 张来武. 依靠创新驱动发展战略发展"新三农" [J]. 中国软科学, 2014 (1): 6-10.

是利己主义者与利他主义者的结合体。① 每个科技特派员在进行科技服务行为时都具有"带动农民致富、促进农业发展"的高尚情怀，这一点毋庸置疑，这是利他主义的体现，但纯粹的利他主义并不能成为特派员承担风险进行创业活动的根本动机，所以我们还是从利己主义的层面进行分析，主要包含两点：一是创业行为带来的经济利益，二是成为特派员所带来的自身荣誉感。

（一）经济利益

科技特派员的工作要求是"做给农民看、带着农民干、领着农民赚"，科技服务、科技创业只是推动因素，最后完成科技创新的扩散和应用要通过市场实现，舒尔茨早就断言"小农是贫穷而有效率"②的，这个效率表现为他们只看实际，不论哪种技术、哪个品种，形成经济收益才是最终目的，产量再高、技术再先进，不能完成高利润的市场交易都不被其接受。所以获取利益既是科技特派员创业行为的动机，也是取得农民信任的手段。宁夏回族自治区科特派创业指导服务中心王主任在谈到如何推动科技特派员制度开展时这样说："我们科技人员下去跟农民怎样结合起来，通过怎样一种方式结合起来，最有效的方式就是利益，特派员制度开始提出来的时候好多人都不理解，说'科技人员下去挣农民的钱'，觉得这个东西是不可理解的，但是现在是市场经济。……我们科特派最主要的一个工作就是鼓励特派员采取各种方式和农民结成各种形式的利益共同体，根据你的产业特点、自己的特点，能给农民提供销售服务的就搞销售，能给农民提供纯技术服务的也行，各式各样的都有，我们这里有服务型、协议收费型的特派员，股权投入的，也有与农民合作更深入的，方式多种多样。通过几年的发展特派员和农民的利益结合得更加紧密了，在运行过程中，农民也很欢迎这种方式，农民也不是铁公鸡一毛不拔，农民是只要让我赚到钱的话，你该赚多少赚多少，关键是向他挣钱的时候要讲点艺术。"

---

① 高彦鹏，曹方，陈秉谱．农业科技创新下科技特派员创业行为研究——基于经济学理论分析［J］．甘肃科技，2013，29（10）：1-4，15.
② 西奥多·W. 舒尔茨．改造传统农业［M］．北京：商务印书馆，2017.

（二）社会荣誉

除了物质层面的利益驱动，精神层面的自身价值实现、获得他人尊重、提升社会地位、获得社会荣誉感也是特派员科技服务、科技创业行为的重要影响因素，尤其对一些来自乡土和企业的科技特派员，他们的社会地位不是很高，有些乡土特派员虽然很有钱，但是并没受到真正的尊重，很多人因加入科技特派员队伍，进行科技服务、带动农民创业增收而成为当地的政协委员、人大代表，在社会地位得到提升的同时也满足了自身价值实现的精神追求，提高了科技特派员工作的积极性。笔者在进行访谈过程中对于特派员参与动机的调查显示，很多特派员都认为特派员所带来的社会荣誉感和责任感是他们的主要动机。

案例：宁夏灵武市盛合西门农资超市的创办人王桂花，一个下岗工人，通过开办农资服务店，成长为科技特派员，服务带动周围3000多名农户。由于是下岗女工，在家里和社会中都不受重视，王桂花对于得到社会认同和尊重有着更为迫切的需求，在谈到如何成为特派员时，王桂花说："在科技局我总听他们说特派员，我就问了一下特派员跟信息员有啥不一样，他们说肯定不一样，特派员的地位高。我说不行，我也要加入科特派，我必须加入。"取得农艺师资格证书后，她具备了成为科技特派员的资格。由于经常深入农村为农民进行技术培训和技术服务，科技特派员的专项扶持资金都用在了培训的费用上，经常还需要自己贴钱，在谈到是什么动力推动她坚持时，她说："因为我从下岗以后遭到的白眼太多了，人家看不起，家人也看不起。我想外面的人能干，我为什么不行，跟我同样遭遇的女人能自强自立，我为啥不行。我就想一定要干出样来，让你们看看。所以我就好好干，不停地去学，每天晚上都学习，这么多年没有午休过。我把老师的课件、我自己的东西都看一下，总结材料。动力这个东西，说简单点，刚开始人都看不起，现在你去谁家，你要是给他服务好了，他就说：'哦，谁谁谁来了，你再给我看看我的菜。'高兴得很，那个语言上的热情胜过给你多少钱。跟我同龄的人，你走到人家门口，人家不一定跟你打招呼，不一定问寒问暖。但是我成为特派员以后，时间长了他不见你就会问你最近怎么样、好不好，如果没有去给他们服务的经历，他们就不会问你。我受到了尊敬、获得了荣誉感。我很高兴，家里人也都羡慕我。"

宁夏回族自治区科特派创业指导服务中心王主任在回答如何使科技特派员队伍更具吸引力时，也提到了几个有意思的事情，指出社会荣誉感、令人尊重的社会身份对特派员的重要性："这次我们去内蒙古开会，我们带了一个乡土特派员，是某个合作社的理事长，因为他是特派员才有机会参加这种会议，他的身份得到了社会的认可，他们很开心。今年我们成立了（科技特派员创业）协会之后，好多乡土人才提出来'我要当副会长，交多少钱吧'，我说'这不是交钱的问题'，他们很在意这些东西，还有人问'他为什么是理事，我为什么不是理事？'，我说'你干的还差一些'。现在基层的组织和管理比较松散，这些乡土人才基本上没人管理，农村就是各搞各的，他们以前也得不到尊重。成为科技特派员以后，政府领导来走访与他们握握手；我们今年做了十期系列报道节目，通过电视宣传特派员，还将特派员的事迹编撰成册，其中有很多乡土人才，他们很自豪；我们搞培训，结业完了有合影照，我看好多（特派员）都裱在墙上挂着。"

三、科技特派员农业创新服务行动策略

在获得农民的信任和支持，实现自身利益、得到社会认同的同时，通过科技创业、科技服务行为带动农业生产经营者增收，需要采取合适的策略，宁夏科技特派员采用创业的方式将科技、市场、政策、农业生产等资源进行整合，以达到服务农业创新的目的，其创业行为采取的方式主要有以下几种：

（一）创办科技型农业企业

科技特派员利用自身技术和资金创办科技型实体企业，建立规模化生产基地，通过基地的示范效应带动服务农户按照统一的技术规范进行标准化生产；以企业为核心开展科技服务、市场服务，并在企业中培育更多的科技特派员；科技特派员创业企业通过"企业+合作社+农户"的模式与农户形成稳定的合作关系，对农户进行跟踪技术指导，解决生产中的问题；科技特派员以企业为依托进行技术

研发，推动产业升级；科技特派员企业利用市场机制对农产品进行统一收购、统一深加工，注册商品品牌进行统一销售，推动农业产业链延伸和农户增收。

案例：万立军，现任宁夏科源农贸有限公司总经理，2002年成立中卫市科源农贸有限公司，2005年10月成为中卫市沙坡头区科技特派员，从农资销售、种苗生产、蔬菜流通、技术服务、肥料生产等环节提升公司科技含量，同时与国内外知名企业和西北农林科技大学等相关研究机构建立联系与合作，引进、推广新技术、新品种。2006年公司建立大学生科技特派员创业基地和科源高新农业科技示范园区，培育发展科技特派员8名，针对沙坡头区设施蔬菜主导品种退化、新品种引进慢、病虫害严重、产量低、耐贮性差等问题，聘请5名西北农林科技大学教授到田间和大棚进行现场讲解，解决农户生产过程中的技术难题、病虫害的防治问题，现场讲解高产栽培技术，除了培养一批技术能力较高的农民技术员，公司科技特派员先后研制推广了"高垄栽培、膜下施肥""病虫害超前预防技术""可降解黑膜覆盖防草技术""茄子、辣椒嫁接技术"服务，带动5806家农户科学种菜。万立军根据中卫地区的环境特点引进了耐低温、抗病性强、品质好、产量高的蔬菜新品种，经过试验示范后向周边农户推广，产量大幅提升。为了解决产量增加带来的销售难题，万立军多次带领销售人员去全国其他省份开拓市场，针对市场状况，成立了科源蔬菜专业流通合作社，设立销售网点12个，并在杨渠基地建成了蔬菜预冷库，建立了以销促产、以产增效，产前、产中、产后一条龙的服务体系，形成农资服务、苗种供应、蔬菜流通"三位一体"的农业科技型企业。2008年万立军通过流转土地建设水稻种植基地，带头成立水稻产销农民专业合作社，带动周边农户种植新品种，引导农户科学种植。在对市场需求进行认真分析后，将生产高端大米作为企业发展方向，采用"基地+农户+合作社+公司"的经营模式，按照绿色食品标准，统一品种种植，统一机械化操作，统一使用无公害农药、化肥，统一加工，试验示范种植蟹田稻，从源头上保证产品质量和产量。通过培训、土地流转、协议收购等方式辐射带动5700户农户从事绿色水稻种植，为农户直接增收 210 万。①

（二）承包设施基地，利用示范效应组织农户创业

科技特派员利用自身掌握的先进科技知识以及经营组织管理能力，承包政府部门农业产业化示范设施或农民土地，建立农业高新技术的示范和推广基地，依托基地对农民进行有偿或无偿的科技服务，或以市场价格为农户提供种苗或农资；科技特派员雇佣村民并指导村民进行生产管理，统一提供技术服务，统一负责农产品销售。

案例：陈瑛，贺兰县大学生村官、红旗村党支部书记，成为科技特派员后进行艰苦创业、发挥科技示范带动作用引领新平园区农民致富的事迹曾被中央电视台《朝闻天下》栏目播出，被誉为"全国最美科技人员"。2011 年 9 月，有着宁夏大学设施园艺专业硕士学位的陈瑛成为贺兰县的一名大学生村官，担任贺兰县习岗镇新平村村支书助理，在贺兰县最大的设施蔬菜生产基地、贺兰县国家级农业示范园区——新平现代设施农业园区承包了四个暖棚。2012 年 4 月陈瑛申请成为贺兰县第十批科特派，在学校老师的帮助下成立了绿蔬丰果蔬产销专业合作社，以提供农业技术推广中心支持的滴管设备、水溶肥等优惠条件吸引了 20 户村民加入。一开始陈瑛的科技特派员工作并没有得到当地农户的认可，一个偶然的契机使农户看到她的技术能力。陈瑛选种的是抗体外病毒西红柿新品种，种苗比一般品种贵，当时农户不能接受，等到体外病毒在整个园区蔓延到无法控制的程度时，科技局工作人员请来宁夏设施园艺首席专家、宁夏大学的李建设老师前来查看，李老师联系陈瑛问她的暖棚有没有这个问题，而陈瑛由于暖棚种植使用了抗体外病毒新品种，加之她自身技术过硬，是园区中唯一没受到影响的生产者，由于科技局工作人员和周边农户都来陈瑛的大棚看，让大家看到了她的能力，因此形成了口碑。随后陈瑛在温棚内开展了番茄辣椒套种技术、番茄低段密植技术、沙培技术、设施温室养液土耕技术 4 项科技成果示范，引进苦瓜、

---

① 王喆，吴飞鸣．凝聚创新精英 汇聚创业英才：科技特派员农村科技创业典型事例汇编 [M]．北京：科学技术文献出版社，2013：50-53．

番茄、甜瓜、丝瓜、樱桃番茄、彩椒等 16 个新品种，并在园区内进行了示范与推广。2014 年负责实施了自治区科技厅与贵州省植物园合作的蓝莓新品种试验示范项目。几年来先后获得自治区科特派和县科技局给予科技项目资金 30 余万元的支持。陈瑛用先进的科学种植理念改变了农民的传统种植观念，让农民真正看到科技带来的经济效益。同时，她以合作社的名义收购周边农户的蔬菜，与新华百货连锁店签订了供销合同，进行基地蔬菜直销，利用农村信息化电子商务平台扩大销售渠道，年销售蔬菜 100 万公斤，销售额达 520 万元，探索出了"科技特派员 + 合作社 + 直销店"的新型设施农业发展之路。

（三）创办科技服务型企业

科技特派员以自身拥有的技术独资建立企业，或者技术入股与农民、农业产业化企业合作，组成利益共同体，参与生产管理，提供生产技术服务，并通过系列化的技术创新、示范、推广与服务，改变农户传统的经营理念和种植模式，促进传统农业产业升级，加快科学技术转化为生产力的进程，不仅实现农民增收、企业增效，而且科技特派员也从中获益，实现双赢。

案例：黄大红（黄博），中宁县大红枸杞科技开发有限公司经理，2002 年 11 月加入宁夏科技特派员队伍。"世界枸杞在中国，中国枸杞在宁夏，中宁枸杞甲天下"，枸杞历来是中宁的支柱产业，全县栽培面积达 23 万亩（每亩约 667 米^2），当地农民 70% 的收入来自枸杞种植。在成为科技特派员之前，黄大红发现中宁的枸杞农在种植及病虫害防治上，"大水、大肥、大丰收""什么药最毒、什么药最廉价"的传统施肥思想及用药方法根深蒂固，种植户分散，不能形成集约化，导致枸杞农药残留高、品质差、市场销售不旺、经济效益欠佳，他想发挥自己的专业特长和培训经验为中宁的枸杞产业做一分贡献，但是由于生活问题和农民接受程度的问题没有能实现。宁夏施行科技特派员政策以后，黄大红通过学习和了解，认为这是他人生的机遇，于是辞去单位工作，加入了科技特派员行列，开始了创业生涯。黄大红在中宁万亩枸杞基地选择了 200 亩（每亩约 667 米^2）枸杞园进行关键技术的研发、集成、试验、示范、推广，成功降低了枸杞病害防治喷药的次数、减少了同等产量所用的化肥量，使产品质量均能达到无残留减除标准。良好的示范效果，打消了枸杞农民心中病虫害难防难治和化肥用量越来越大的困惑，传统生产观念发生了根本性转变。特派员创业和企业发展的主要动力是带领农民增收，黄大红在深入了解农户生产经营成本后，提出了 330 元/667 米^2 的统防统治收费标准，为农户节约成本 110 元/667 米^2，也解决了农户的技术难题，与农户签订承包合同，得到了农户的响应和支持。为了既让农民增收，又使公司获利，黄大红采取了一系列措施：在企业管理上，实行管理人员交叉兼职，喷防队员随聘随用，降低管理成本；在用药和肥料上，直接从厂家进货，减少中间环节，降低生产资料成本；在施肥服务上，结合服务面积，无偿为农户提供测土配方施肥技术服务，根据化验结果、枸杞的大小、产量的高低，采用"目标产量施肥法"计算，开出建议配方，为农户提供肥料，扩大经营收益；在服务质量上，制定岗位责任制，采取固定机械、田块到人，服务质量与工资挂钩，确保服务质量，求得长足发展。面对服务市场的激烈竞争，黄大红将主要精力放到技术研发上，自主研发了"车载式枸杞专用高压静电超量肥药一体机械、套餐型枸杞专用肥、高压施肥枪、富硒枸杞天然保健饮品、微生物全程控制"等新产品、新技术。同时流转土地 200 多亩（每亩约 667 米^2），建立了"宁夏有机枸杞全程机械化高科技示范基地"，先后实施了"有机枸杞关键技术集成与示范、中小企业创新基金、枸杞枪施肥技术示范与应用"等项目，推动了企业的持续发展。[①]

（四）创立经济实体，带领农户共同创业

乡土人才科技特派员是宁夏比较具有特色的特派员类型，他们本身在农村已经获得了农户的认同，取得了一定的成功，他们科技创业和服务方式通常是自己

---

① 王喆，吴飞鸣. 凝聚创新精英 汇聚创业英才：科技特派员农村科技创业典型事例汇编[M]. 北京：科学技术文献出版社，2013：3-6.

先采用新技术、新品种，这主要依靠的是个人对创业机会的把握能力、承受风险的能力、对市场的判断能力以及对新技术的掌控能力。在获得创业成功之后，通过政府科技项目的支持，凭借对农村的感情以及各种"亲缘、血缘、友缘"关系，在本村本镇充分发挥自身的示范带动效应，加速科技成果转化应用，并通过建立农民专业合作组织与农业企业等方式培育壮大自身实力，发展地方特色优势产业。

案例1：高长城，贺兰县水产局从辽宁引进的养鱼专业示范户，2001年来到贺兰，依靠家庭投资在贺兰进行水产养殖，2009年成为贺兰县科技特派员，依靠家庭传统的生产经验、自身多年积累的养殖技术经验和市场销售渠道为周边农户提供育种繁殖、鱼病治疗、检测水质等无偿技术服务和产品销售服务，还帮助农户按照市场需求和自身经济实力、养殖水平进行生产规划，得到了周边农户的信任和支持，与其建立了良好的关系。高长城加入科技特派员队伍后，成立了水产养殖专业合作社，得到了科技特派员专项资金的支持，承担名特优新品种攻关项目，进行科技成果转化。在完成新品种试验、推广工作的同时，通过育苗售后的生产资料服务和不断更新养殖品种获得自身利益。

案例2：王旭军，贺兰县新明水产养殖有限公司总经理，1997年创建新明水产养殖协会，2009年转型成为新明水产产销专业合作社，在提供技术指导和农民培训的同时，关注水产品的产和销。2007年成为贺兰县科技特派员，2008年建设成立自治区现代农业科技示范园区——水产养殖科技示范园区，2009年新明水产养殖有限公司被评为自治区农业产业化龙头企业，主营名特优品种养殖、常规品种养殖和苗种培育、供应，与宁夏大学、中科院和中国水科院的教授进行合作，以"公司+合作社"的模式提供新品种繁育试验、推广和养殖技术培训等科技服务。另外，以科技示范园区为依托承担科技项目，进行科技攻关、成果转化、试验示范，例如农业部国家水产良种厂建设项目。作为科技特派员最重要的是先把自己的企业做好，其他人看到成果，受到带动和影响，才能达成"做给农民看、带着农民干、领着农民赚"的效果，王旭军认为做好自己是科技特派员工作的根本前提。

第三节　科技特派员农业创新服务的社会作用

作为系统型农业创新经纪人，科技特派员的独特功能主要体现在以下两个方面：一是收集农户创新需求，建立创新方案。科技特派员队伍中有很多人本身是农业技术人员，通过与农户的接触与互动、通过市场经营等行为，了解并获取农户和市场中对于农业科技创新的需求，并将这些需求融入自己的科研创新过程，为农户提供具有针对性的技术解决方案。二是整合技术、政策、市场等多种资源，推动集成创新。科技特派员制度本身是中国政府农业技术推广体制的一项革命性创新，科技特派员享受独有的各种优惠政策，并将这些优惠政策与技术、市场要素相结合，既发挥了政策的优越性，又使农业创新成果更快地获得市场应用，完成创新过程。科技特派员在独特功能机制的作用下，对于中国农业创新体系的完善与发展做出了重要贡献。

一、以农户需求为导向，成为具有创造性的制度革新

"特派员"与"农户"之间的双向选择机制将特派员的科技服务与市场经济相结合，使特派员更加关注市场需求和运行规律，更加尊重农户对与农业信息、技术的综合化、多样化的需求，并根据市场变化、农民需求制定、调整自己的科研方向、服务方式和推广内容。科技特派员制度在技术需求方——农业生产经营者和技术供给方——科研及推广人员双方建立有效连接，并根据实际供需关系进行信息、知识、技术和服务的谈判与交易。通过市场交易，一方面会保障农业生产经营者利益得到实现；另一方面会满足特派员对经济利益和社会荣誉的追求。较之行政性科技资源分配模式，利用市场机制对科技资源进行分配能更好地提高技术使用的效率，使技术资源能按效率优先的原则配置到真正需要技术的农户和企业。

二、打破部门分割，整合政府、科研、金融、市场各方资源

"部门分割"历来是中国传统农村科技推广的障碍，农业科研人员与农业推广人员隶属于不同工作部门和系统，"在很大程度上，无论是农业科研机构还是农

业推广机构均处于一种封闭的运行状态,严重地阻碍了技术向生产力的转化,使科技体制的发展同农村社会、农业的发展相脱离"[1]。科技特派员制度的实施,促使农业科研人员由向政府要经费转变到去市场中寻找发展机会,创办自负盈亏的技术性实体;促使农业推广部门工作人员面向农村、农民和农业产业的现实需求创办技术服务性经营实体。为了获得更多的经济和社会效益,科技特派员将政府扶持政策、最新研究成果、金融资源、市场开发等各方面可用资源进行整合,并按照市场运行规律,不断地拆分重组,使整合后的资源可以在区域间或区域内的各个参与主体间自由地流动,从而有效地打破农业科技部门垄断、行业分离、地区封闭的格局。

三、创新观念、科技服务的市场价值得到承认

科技特派员创业行动,就是将自身、农户、政府三方面结成利益共同体,实现稀缺资源利用的最大化。[2] "将科技推广中的政府行为和组织行为逐步转变为个人行为和商业行为"[3]。科技特派员制度为科技人员提供了一条合法的致富途径。可以说在一定程度上科技特派员制度和实践的最大成绩在于改变了人们对于农业科技服务观念定式,"提升了社会的科技意识,认识到对科技的尊重和科技人员的尊重也应该建立在一种可比的物质基础之上"[4]。

四、促进科技市场与科技人才市场的形成

"科技特派员制度创新推动科技人员走向科技成果转化第一线,满足了农村对科技的需求,进而形成科技市场;科技市场的形成和扩大,进一步推动科技创新,同时推动社会广泛参与科技实践,全面增强科技创新和成果转化的整体能

---

[1] 简小鹰.农业推广服务体系[M].北京:社会科学文献出版社,2009:148.
[2] 高彦鹏,曹方,陈秉谱.农业科技创新下科技特派员创业行为研究——基于经济学理论分析[J].甘肃科技,2013,29(10):1-4,15.
[3] 简小鹰.农业推广服务体系[M].北京:社会科学文献出版社,2009:147.
[4] 中央党校课题组,曾业松,赵建军.一个突破性的制度创新——中国农村科技特派员制度研究报告[J].中国农村科技,2009(6):60-63.

力"①，形成了"科研—推广—应用"的良性循环。科技创新与成果转化互动互促，循环往复，把科技进步转化为现实生产力，改变了以往科技无市场、市场缺科技的局面。科技特派员向农户提供有偿服务或创业获得市场利益，一定程度上改变了政府部门传统配置农业科技服务资源的低效甚至无效的格局，将科技服务资源置于市场运行环境中，使其按照市场运行的基本原则和利益机制，对其自身所拥有的农业知识和技术进行经营。科技人员实现了向科技人才质的转变，由此带动了科技人才市场的形成。

在这一章中我们以"宁夏模式"为例讨论了科技特派员制度运行中的科技服务驱动因素和行为方式，实践证明，"宁夏模式"的创业方式取得了巨大的成功，这主要得益于以下三方面因素：第一，宁夏回族自治区政府在最初进行制度的顶层设计时突出和保证了科技特派员的基本福利，并鼓励、扶持其进行创业在市场中争取利益；第二，设计了较为完善的激励机制和监督机制，利用项目申请、资金奖励、表扬表彰等措施激励科技特派员的工作成绩，创业机制使长期做不出成绩的科技特派员还会面临失业和投资失败的危险，从而提升了其提供优质服务的动力；第三，创业行为增强了科技特派员与农户双方合作的基础，"风险共担、利益共享"的合作方式更容易促进农户与科技特派员取得双赢的结果。笔者认为，"宁夏模式"最值得推崇的就是建立利益共同体的创业行为，在政策措施和制度安排上给予科技特派员获得自身利益的保障。福建南平试验取得初步成功的时候，关于"义""利"之争的不同观点曾经引发社会及科技特派员内部激烈的讨论，但笔者认为，"共同利益"才是科技特派员工作得以持续、科技服务行为能够有效开展的最有效动力，尤其当科技特派员创业成功以后，科技服务、市场服务的行为不仅仅是一种义务，更是一种责任，如果没有利益共同体，科技特派员工作进行不下去可以直接走人，会造成农民利益的损失，而有了创业行为的束缚，特派员不仅要对支持他的农民负责，还要对自己、家庭和企业员工及其家庭负责。

---

① 中央党校课题组，曾业松，赵建军. 一个突破性的制度创新——中国农村科技特派员制度研究报告［J］. 中国农村科技，2009（6）：60-63.

第五章 互助型农业创新经纪人

本书将以农业生产经营主体为主要成员，自愿联合、共同管理形成集体行动，为组织内部成员提供正式或非正式的交流、学习平台，提供适宜的技术培训等服务的组织界定为互助型农业创新经纪人。农民专业合作社"是在农村家庭承包经营基础上，同类农产品的生产经营者或者同类农业生产经营服务的提供者、利用者，自愿联合、民主管理的互助性经济组织，以其成员为主要服务对象，提供农业生产资料的购买，农产品的销售、加工、运输、贮藏以及与农业生产经营有关的技术、信息等服务"，是互助型农业创新经纪人的主要代表。本章简要概括了农民专业合作社的产生、发展，以及促进农民专业合作社发展的政策环境，在此基础上分析了不同类型合作社建立和提供科技服务的动机，总结了合作社科技服务的行为策略，讨论了合作社的主要功能和完善农业科技创新服务体系的重要作用。

第一节 农民专业合作社的兴起与发展

20世纪80年代实行家庭联产承包责任制以后，中国农村形成了家庭、集体双层经营体制，随后产生了农民专业技术协会、农民专业协会、农产品行业协会、农民专业合作组织等多种新型的农民合作经济组织，在促进农业发展、农民增收，增强农村活力，推动农业科技进步等方面起到了重要作用。为了规范农民专业合作社，使其健康、有序地发展，中国于2006年颁布了《中华人民共和国农民专业合作社法》，自2007年7月1日起施行。自2007年起至今，中共中央、国务院颁布的"一号文件"始终对农民专业合作社的发展保持高度关注，并针对其变化情况提出相应的指导性政策：2007年"一号文件"要求"各地加快制定推动农民专业合作社发展的实施细则，有关部门要抓紧出台具体登记办法、财务会计制度和配套支持措施";2008年提出"各级财政要继续加大对农民专业合作社的扶持,农民专业合作社可以申请承担国家的有关涉农项目,支持发展农业生产经营服务组织";2009年要求"加强合作社人员培训,尽快制定金融支持措施";2010年提出"对服务能力强、民主管理好的合作社给予补助,提供各级政府扶持的贷款担保";2012年提出"扶持农民专业合作社广泛参与农业产前、产中、产后服务,支持农民专业合作社兴办农产品加工企业或参股龙头企业";2013年对合作社发展的类型、项目支持、资金补助、信用合作、税收政策、人才培养等各个方面进行了整体的政策设计;2014年提出"推进财政支持农民合作社创新试点,引导发展农民专业合作社联合社"。2017年中共中央办公厅国务院办公厅印发《关于加快构建政策体系培育新型农业经营主体的意见》,2018年7月1日起实行修订后的《中华人民共和国农民专业合作社法》,2022年国家重点打造"村集体股份经济合作社+农民合作社+公司"仓储保鲜冷链模式,推动农民合作社的综合化发展。这些法规政策包括各级地方政府的具体政策措施都为合作社提供了政策支持、资金和物质扶助,为合作社更好地发展保驾护航,推动了中国农业专业合作社的快速发展。以农民专业合作社为代表的农民合作组织已经发展成为中国多元农业经营主体中的重要力量。在国外,农民专业合作社是农民为降低交易成本而自发联合形成的互助组织,中国的农民专业合作社(以下简称合作社)在迅猛发展的同时呈现出了多元化的发展趋势。

韩俊按照组织的形成背景将合作社划分为五种类型:由科技协会发起建立的,由农业技术推广站等政府事业单位及乡村干部发起建立的,由供销合作社发起建立的,由龙头企业发起建立的,由农村中的专业户、经销大户等自发建立的。

孔祥智按照合作社的合作实践内容也将合作社划分为五种类型:土地流转合作社或土地股份合作社;农机合作社;社区股份合作社;资金合作社,又叫资金互助合作社或资金互助社;专业合作社,是同类农产品的生产经营者或者同类型农业生产经营服务的提供者、利用者,在"自愿联合、民主管理"的原则下建立起来的互助性经济组织。在此基础上,徐旭初、刘颖娴又补充了林业股份合作社、消费合作社、用水合作社(用水户协会)、扶贫合作社等。还有以科技服务为主的农村科技合作社,有科技能人、科技入股、依托外部技术力量、龙头企业创建等多种发展模式。

苑鹏按照合作社所有者成员构成特点，认为现实中的农民专业合作社可以划分为两大基本类型：第一类是农产品生产经营者以自我服务为目的而成立的合作社；第二类是农产品生产经营者和非农产品生产者共同组成的合作社。第一类农产品生产经营者自我组成的合作社，基本特征是所有者成员全部是由合作社服务的利用者组成的，他们基本上都是从事独立生产经营活动的市场主体，按照成员经营的特点，又可以具体分为三种：第一，兼业小农组成的经典合作社；第二，专业农户组成的现代合作社；第三，专业户与兼业农户联合组成的合作社。第二类同类农产品生产者与非农产品生产者组成的合作社以农产品加工企业、农资供应商以及农产品经销商等领办的合作社为典型代表，按照领办人的身份也可以分为四类：第一，农产品加工企业和农户组成的合作社，通常是在"公司＋农户"的基础上发展起来的，形成"公司＋合作社＋农户"的新模式；第二，商人（企）与农户组成的合作社；第三，投资者与农户共办的合作社；第四，社区政治精英与农户组成的合作社。

第二节　农民专业合作社科技服务行为分析

一、农民专业合作社科技服务行为动机

中国的农民专业合作社有其独特的发展背景和发展方式，不同类型的合作社成立的原因和目标不同，其行为动机也不尽相同。根据苑鹏的分类标准，下面主要对两种类型的合作社进行动机分析，第一类是农产品生产经营者自我组成的合作社，第二类是农产品生产经营者和非农产品生产者共同组成的合作社。

（一）农产品生产经营者自我组成的合作社

传统的一家一户的生产方式并不能适应多方面农业科技创新所带来的变化，单个农户难以承担新品种试种和新技术使用等变化所带来的风险，农民在农业市场交易过程中始终处于弱势地位，为了打破农资市场和农产品市场的单边垄断结

构，降低市场行为中农资购买、农产品销售的交易成本，农户自愿联合、实行民主管理、形成互助性经济组织——农民专业合作社，以改变自身的弱势地位，同时，为了提高农产品的产量和质量、加强市场竞争力、获取更多的经济利益，大多数农民专业合作社针对合作社成员提供技术培训和技术服务。通过调研走访，我们可以发现这一类合作社多为乡村精英发起、其他本地区小农户响应而形成，乡村精英的个人愿望和能力对合作社的动机与行为具有重要影响，这些乡村精英一般是乡村种养殖专业大户、农业技术能人、农产品经销经纪人、乡村干部等，他们发起成立的合作社的主要动机是组织农户降低生产成本、提高市场竞争力，带动本地农户共同致富，或者提高自身在乡村中的威望与地位，获得更多的政治资源。因此，此类合作社的行为也主要是围绕这些目标展开。

案例1：河北省昌黎三发果蔬种植专业合作的理事长万文来是合作社的主要决策人，具体事务由另外一名理事——本村村主任和万某共同负责。当时刚上任的村主任想为百姓做点实事，找到万讨论、琢磨能做点什么事情，万自己经营一家肥料厂，一直在为其他大棚种植户供应肥料，对大棚种植、产品销售方面的相关信息了解比较多，同时有自己的人脉关系，于是二人领头成立了农民专业合作社进行果蔬大棚（全部为暖棚）种植，并从其他乡镇聘请拥有丰富种植经验的农村技术能人为入社农户进行技术指导和培训。

案例2：山西山阴县北周庄镇郑庄村粮食合作社成立发展过程中，村支书曹玉贵起到了重要的组织作用，山西省农业科学院农业资源与经济研究所姚建民研究院在受访时这样评价他："这个人是个全才，一方面他是村支书，具有组织能力和政治觉悟和敏感性；另一方面他能看到技术的力量，一般领导只重视组织的力量，很少能看到技术的力量，他既能看到组织的力量，更能重视技术的力量，一亩地增产几百块钱，几千亩地能增产多少他自己经过了详细计算。新技术到一个地方推广是很难的，方式改变了，使用机器改变了，种植种类也改变了，看不到效益没人愿意干，而且一下子几千亩全铺开，没人会这么干。他这个人非常有胆魄、有勇气，他对农业技术的相信程度比别人要高得多，在别的村就不行。这个人认可现代技术，所以他就能得到支持，能够发展起来。"

（二）农产品生产经营者和非农产品生产者共同组成的合作社

这类合作社以农产品加工企业、农资供应商以及农产品经销商等领办的合作社为典型代表，成立合作社的主要目的是解决原来订单农业"公司＋农户"的模式所形成的松散契约关系带来的种种弊端：随意违约、提供质量差的农产品滥竽充数，"农户和土地分散且规模小、农户普遍文化水平不高、农户机会主义行为较多"[①]等因素，影响了企业产品及利润的回收，为了既保证企业的市场利益，又保障农户的利益、调动农户积极性，一些企业采取了"企业＋专业合作社＋农户"的经营模式，以合作社为载体为农户统一提供生产资料、技术培训、科技服务、市场销售等多元服务。企业对合作社进行统一管理，具有支配地位，合作社依赖于企业的资源运行，受到企业经营策略、市场战略的影响。

案例：昌黎县嘉诚蔬菜种植专业合作社依托的是昌黎县嘉诚实业有限公司和嘉诚食品公司，是由昌黎县供销社领办成立的农民专业合作组织，注册资金3000万元，入社社员840名，组织农村经纪人98人，涵盖了全县8个乡镇79个行政村，基地种植面积3.6万亩（每亩约667米^2），包括5个蔬菜基地和6个水果基地，辐射农户9000多户，为其服务的各类技术人员达25名，包含农艺师、助理农艺师、病虫害植保员、施肥专业技术员等。合作社自成立以来，以"规模化、标准化"为发展目标，以"合作社＋基地＋农户"的模式在产前、产中、产后三个阶段向农户提供多元化的服务。合作社按照统一技术标准、统一种苗供应、统一农资供应、统一生产加工、统一物流、统一品牌形象、统一市场渠道的现代化农业组织管理方式运作，统一协调、标准化运作，严控质量检测关，从种子、化肥、农药、种植管理、产品的质量检测等，都有专人跟踪检查、记录、培训。[②]

[①] 张丽华，林善浪，霍佳震．农业产业化经营关键因素分析——以广东温氏公司技术管理与内部价格结算为例 [J]．管理世界，2011（3）：83-91．

[②] 嘉诚集团——昌黎县嘉诚实业集团有限公司 [EB/OL]．http://www.jc-my.com/gongsijianjie/．

二、农民专业合作社科技服务行动策略

无论出于何种目的而建立的合作社,提供适宜的、为农户所接受的农业科技服务是大多数合作社的重要活动内容,合作社主要采取以下三种策略提供科技服务:

(一)为科研单位提供试验基地,合作示范

在政府有关部门的帮助与扶持下,规模较大的合作社与科研单位达成合作,科研单位为合作社提供技术支撑和培训服务,合作社利用自身土地资源为科研单位提供研究实验基地,并进行合作示范,帮助农户学习先进的农业知识,引导农户应用农业新产品、新技术。

案例:郑庄村是山西朔州市农委的一个示范点,在市农委的介绍下,山西农科院的技术人员与郑庄村合作社取得了联系,并将其设为示范点。2010年春季,山阴县遭遇了严重的低温大风天气,为玉米种植带来了巨大的潜在危害,山西省农科院渗水地膜覆盖高产技术示范行动课题组科技人员于2010年3月进驻该村配合工作,帮助开展春播工作,科技人员对农民现场进行了"渗水地膜VVV覆盖高产技术"的培训,示范推广的核心技术为"2MBJ-1/3机械精播渗水地膜VVV型覆盖新技术"和"2MB-1/4机械精播渗水地膜VVV型覆盖新技术"[1]。此后,山西农科院三水渗水膜科技发展中心每年新技术更新都会给郑庄村合作社支持和指导,与其形成了长期的合作。

(二)成立合作联社

苑鹏提出"走向联合是农民专业合作社发展的必然趋势",联合社"不仅可以通过横向一体化实现规模经济、范围经济,并最大限度地降低合作社的交易成本、提高议价能力,改善为社员的服务,解决合作社依靠自身力量无法解决的问题,而且可以促进纵向一体化经营,向农产品深加工领域延伸,扩大合作社的业

---

[1] 付会洋,姚建民,周学军.合作社为载体的科技推广对"三农"发展的影响[J].山西农业科学,2012,40(3):280-283,294.

务范围，巩固和增强合作社的市场地位"①。

案例：河北昌黎县嘉诚蔬菜种植专业合作社整合产品资源，联合本地区其他三家合作社成立了嘉诚种植专业合作社联合社，除嘉诚蔬菜种植专业合作社外，还有油桃农民专业合作社、生猪养殖专业合作社、蔬菜专业合作社。联合社成立以后，入社农户成员规模达到855户，注册资金达到5000万元，不仅扩大了辐射范围，而且完成了向生态循环可持续农业发展方式的转变。

（三）农业技术培训和技术服务

提供技术培训是合作社采取的普遍策略，为形成规模化、集约化的种养殖，需要对农户进行跟踪技术培训与服务，如此才能够更好地展现农业科技创新的优势。

案例1：河北昌黎县嘉诚蔬菜种植专业合作社从昌黎县农业局、河北省果树研究所、河北科技师范学院聘请了多名专家，为社员举办各种农业科技培训班和农业科技知识讲座，每年定期进行技术服务10次，服务人数累计1000人次，提高了农民科学种田、科学管田的水平，提升了农民的综合素质。通过培训和指导使农民掌握了更多的农业技术，例如水肥一体化，生物防治技术等，同时改变了农民传统的一味用高毒农药防治病虫害的思想，注重生产安全和食品安全，逐步使用生物农药、生物有机肥，不再盲目地追求农产品产量，更注意改善产品品质。

案例2：北京昌平区的北京果品专业合作社的"技术托管"服务。理事长蔡臣良在介绍这项服务时谈道："农村现在有两种情况，一种是有地但没有技术水平，虽然老人有经验，但现在品种什么的也搞不清楚，也没有技术员指导；第二种是有地有技术，但是地不够，这些人正值壮年，当时包产到户每个人也就是一亩地，这点地可能不够种，出去上班地又不能荒芜了，而且还得接小孩，照顾老人。这农活有农忙有农闲，一个月可能有十几天需要干活，其余那几天就没活可干，雇人月薪成本

---

① 苑鹏. 农民专业合作社联合社发展的探析 [J]. 中国农村经济，2008（8）：44-51.

太高，雇人每天算钱的话不用管饭，干完就走。"农业"技术托管"就这样应运而生，一方面解决了产品质量问题，因为有技术员管理了；另一方面解决了附近富余劳动力就业问题。

第三节　农民专业合作社的社会作用

以往关于农民专业合作社功能的相关研究大多从服务农户的角度进行讨论，主要包括以下几个方面：第一，统一组织农产品销售，降低农户市场风险；第二，为农户统一提供生产资料，减少农户成员生产经营成本；第三，推动科技普及、传递信息，组织标准化生产，培植草根技术，创新资源；第四，提供合作信贷支持，解决农户资金紧缺问题。然而，从农业创新经纪人理论的角度来看，农民专业合作社的功能主要体现在构建多元化主体参与的创新网络工作平台和完成农业创新商业化实现两个方面。首先，合作社将各自为政的小农户组织起来，立足于本土生产实践，进而对土地和生产资源进行整合，通过多种渠道和策略与技术提供方、其他商业机构、政府工作部门取得联系，获取科技、市场、国家政策等资源，建立以农户为主，农业科技人员、相关部门行政人员以及其他农业生产经营者等多种主体交流、互动的创新网络工作平台；其次，合作社积极主动地进行农业科技创新试验，根据地域环境特征、农户实际需求和市场现状选择适宜的农业科技创新成果，并为农户提供技术培训与服务，完成农户对农业创新的实际应用，同时不断开发市场销售渠道，帮助农户进行统一销售，使农业创新过程成功完成。合作社的发展改变了中国农村家庭联产承包责任制度下以家庭经营为主的模式，对中国农村稳定、农民增收、农业产业规模化、集约化、标准化发展等起到了重要的促进作用，尤其在完善农业社会化服务和农业科技创新服务体系方面作出了重要贡献。

一、农民专业合作社在农业社会化服务体系中起到基础性的作用

基础性作用主要集中体现在两个方面：一是合作社自身提供农业社会化服

务，有产前农资购买与技术培训、产中技术指导服务、产后销售服务等；二是其他农业社会化服务供给主体通过合作社为农户提供服务，有"村集体+合作社+农户""龙头企业+合作社+农户""科研院所+合作社+农户"等模式。总之，有效利用农民专业合作社这一平台，将有助于在农村地区形成星罗棋布的农业社会化服务网络，促进新型农业社会化服务体系的构建。

二、农民专业合作社是农业科技创新服务的重要载体

农民专业合作社的出现，在科研机构、科技推广机构和农户之间架起了一座桥梁，促进了资源整合和农业科技传播，成为创新农村科技服务体系的有效载体，在农业科技创新及转化中起着越来越重要的作用。农民专业合作社既是基层农业技术推广服务的主要需求者，也是基层农业技术推广服务的重要参与者和提供者：通过开展技术培训，提高农村生产经营者科技素质；通过技术的集成应用，提供强有力的技术支撑与服务；通过转变发展方式，发展资源节约型和环境友好型农业；通过减少商业环节和延伸产业链，获取更多"合作剩余"；通过集体行动，减少或分摊单个成员风险损失。农民专业合作社在整合农业科技资源，实现技术要素的优化配置；提高农户科技需求，缓解科研与推广经费短缺困境；改善农业技术推广状况，提高技术推广效果；引导技术研发方向，促进科研与生产相结合；传播农业科技知识，提高农民综合素质；推进农业标准化，保障农产品质量等方面起到了重要作用。这种扁平化的"自下而上"模式更为有效，使得农民的农业科技需求可以及时被发现，供给决策更为科学合理，筹资方案更为公平，信息反馈更为及时。有学者提出应"构建以农民专业合作社为核心的农业科技服务体系"[1]。

合作社是农业科技创新扩散的重要载体，随着合作社数量的增长，农民市场意识、创新意识的增强，合作社的作用越来越强大，其他类型的农业创新经纪人都与之有着密切的关系。

---

[1] 姜绍静，罗泮. 以农民专业合作社为核心的农业科技服务体系构建研究[J]. 中国科技论坛，2012（6）：126-131.

第六章 市场型农业创新经纪人

本书将根据乡村农业资源禀赋，以配合市场销售为主要目的而为农户、家庭农场或农民专业合作社等引入新知识、新技术、新品种等农业创新要素，整合技术、市场、政府等各类资源帮助农户实施完成农业创新的组织和个人界定为市场型农业创新经纪人。主要有以下两种类型：一种是以龙头企业为代表，为了建立原料生产基地、提高农产品质量、保证农产品市场销售竞争力，而向农户提供农业科技服务的市场型农业创新经纪人，侧重产后农产品市场销售；另一种是以农资经销代理人为代表，以促进农业生产资料销售为目的而向农户提供技术服务的市场型农业创新经纪人，侧重产前的农业生产资料市场销售。本章分为两个部分，分别讨论龙头企业和农资经销代理人农业科技服务的动机和策略，以及其各自承担的功能和社会作用。

第一节 市场型农业创新经纪人Ⅰ：龙头企业

中国政策对于农业发展的倾斜为农业产业化发展和农业科技创新的进步带来了前所未有的契机，从2004年开始，中国政府为解决推动农业发展、解决"三农"困境出台了一系列政策，促进农民增收致富、推进农业多种经营主体的发展，激发农村活力，政府的各种优惠政策和项目，在为企业的发展提供机会的同时，也给予了资金上的支持，为农业龙头企业的发展提供了良好的政策环境。龙头企业是指"以农产品加工或流通为主，通过各种利益联结机制与农户相联系，带动农户进入市场，使农产品生产、加工、销售有机结合、相互促进，在规模和经营指标上达到规定标准并经政府有关部门认定的企业"[①]。龙头企业促进农民致富，带

---

① 徐彬，揭筱纹．多元共生：农业科技企业技术创新的战略导向［J］．软科学，2010（7）：116-120．

动一方经济、振兴一项产业，具有开拓国内外市场、延展农产品销售空间和时间、提供系列化服务和引导生产的功能。[①] 为了获得稳定的、标准化的、市场化的、质量达标的原料或农产品，大多数龙头企业都在自愿互利的基础上通过合作形式或契约形式与农户建立联合关系，采取前向一体化的形式，通过农业新产品或新技术的引进、开发、试验、示范、培训，指导农户安排生产，带领农户进入市场，负责农资产品的供应和农产品的销售。龙头企业大多"集技术开发、推广应用、产品生产及加工销售于一体"[②]，成为上联专家、下联农户的桥梁，围绕农业生产提供全方位服务，客观上促进了农业技术的扩散和转移，在中国农业技术进步进程中扮演了关键角色[③]，具有显著的带动、示范作用，加强了农业科技创新扩散的效果。早就有学者提出应建立以龙头企业为核心的农村科技服务体系[④]，许多实证研究论证了龙头企业的科技扩散行为和运行机制，证明了龙头企业已经成为中国农业科技创新扩散的重要力量，例如广东温氏食品集团、吉林德大有限公司、福建长富集团有限公司、厦门银鹭集团有限公司等。通过调研走访与文献资料分析，我们获取了不同龙头企业开展农业科技创新服务的相关材料，发现河北秦皇岛嘉诚商贸集团经过多年发展与探索，形成了成熟的农业科技扩散模式，通过整合各种资源向本地区农户提供全面的农业科技创新服务，本书以河北秦皇岛嘉诚商贸集团为例详细分析其农业科技扩散行为动机和策略，并在此基础上总结龙头企业市场型农业创新经纪人的功能和社会作用。

[①] 邵喜武，郭庆海. 农业产业化龙头企业技术推广的理论及其应用研究 [J]. 工业技术经济，2005（2）：37-39.

[②] 高启杰. 农业推广组织创新研究 [M]. 北京：社会科学文献出版社，2009：135.

[③] 李菁，米薇. 农业龙头企业在技术扩散中的作用与模式分析 [J]. 现代化农业，2009（9）：43-45.

[④] 龚继红，钟淑宝，孙剑. 以龙头企业创新服务为中心的农村科技服务体系建设 [J]. 科技进步与对策，2005（3）：98-100.

第二节　典型案例：河北秦皇岛嘉诚商贸集团

河北秦皇岛嘉诚商贸集团位于河北省昌黎县新集镇农业园区，是一家集农产品生产、加工、配送、销售、物流于一体的综合性现代农业产业化集团，现有资产3.2亿元，现有员工160人。1999年成立昌黎县嘉诚实业有限公司，2007年成立嘉诚食品有限公司，2008年成立昌黎县嘉诚蔬菜种植专业合作社，2011年成立嘉诚商贸公司等。集团围绕现代"大农业"概念，大力推广"龙头企业+专业合作社+基地+农户"的新型发展模式，产业规模不断扩大，逐步形成了以蔬菜基地种植、加工、销售及相关配套服务为核心的三大主业。其中嘉诚蔬菜种植专业合作社是与昌黎县供销社合作成立的农民专业合作组织，注册资金3000万元，入社社员840名，包括5个蔬菜基地和6个水果基地，种植面积共3.6万亩（每亩约667米^2），为合作社服务的农艺师、助理农艺师、病虫害植保员、施肥专业技术员等各类技术人员25名，是集团进行农业科技服务的主要载体。集团下属的子公司嘉诚实业有限公司被河北省人民政府评为"河北省农业产业化重点龙头企业"，嘉诚蔬菜种植专业合作社荣获"中国农民专业合作社示范社"等荣誉称号。

为了打造集良种繁育、生产种植、加工配送、生物工程、技术推广于一体的产业链条，保证农业科技创新成果带来的市场利益，集团从多个方面不断完善配套设施：第一，建设高标准生态园区。集团整体规划建设5300亩设施蔬菜示范园区，设立专人统一收集基地成员的生产记录、发放质量追溯编码，把产品细化到公司的每个基地成员，执行产品的溯源管理。第二，以育苗工厂为中心进行良种繁育。集团建设占地200多亩（每亩约667米^2）的高标准育苗工厂，建成连栋育苗室1座，单体育苗室20座，保障新品种、新技术的试验、示范。第三，质检中心保证农产品质量。为了确保农产品农药残留达到国家标准，集团投资70万元建成200米^{2}产品质量检测中心，对生产基地的农产品进行随时检测。第四，加强冷链物流配送基础建设。集团先后建成两座保鲜库和一座速冻库，解决丰收季节果蔬大规模集中上市带来的低价及损耗问题，在农产品价格形成和农产品市场运行中起到调节作用。第五，延伸农产品产业链，提高农产品附加值。为解决市场价格波动、提高农民种菜的积极性、保障农民利益，集团投资上千万元建成泡菜加工厂，提高了农产品附加值，降低了农产品无法及时销售时腐烂及低价造成的损失。

一、河北秦皇岛嘉诚商贸集团科技服务行为动机

获取市场经济效益是龙头企业创新经纪人科技扩散行为的重要影响因素，随着农业产业化的迅速发展，设施蔬菜种植业成为必然的发展趋势，不仅需要大批优质高档的秧苗满足市场需要，以便能够生产出符合消费者要求的无公害、绿色或有机蔬菜，而且提高了对种植技术、苗种、农资产品及使用技术等方面的要求。传统的一家一户育苗方式并不能适应多方面农业科技创新所带来的变化，单个农户难以承担新品种试种和新技术使用等变化所带来的风险，不具有采用农业科技创新成果的积极性。面对激烈的市场竞争，龙头企业要通过不断地更新品种和技术获得创新带来的短期经济收益，所以为了保证低成本、符合市场标准的农产品货源和生产加工原材料，龙头企业需要借助强大的经济实力和资源整合能力为农民提供技术服务和帮助，安排农户进行农业生产，嘉诚集团建立育苗工厂，对农业新品种、新技术进行引进、试验和示范，指导农户进行种植品种的更新，并培训配套的种植技术，保证农业创新所带来的短期经济收益。此外，不断提高的农产品产量和农产品季节性集中上市也为市场销售带来了巨大压力，为了缓解这种压力，龙头企业要不断完善物流基础设施和建立深加工工厂，因此，嘉诚集团一方面加强冷链物流设施建设，延长农产品的保存期限，进行反季销售，获取更高市场价值，另一方面建立泡菜加工厂，对农产品进行深加工及出口销售，提高农产品附加值。

二、河北秦皇岛嘉诚商贸集团科技服务行动策略

（一）"产学研"合作

首先，集团从中国农业科学院、河北农业大学、河北农业科学院、河北科技师范学院等科研机构聘请了多名专家组成专家小组，评估基地新品种、新技术的试验成果，为农民提供全面的技术指导，深入基地解决农业生产和管理中的技术

难题，为农业生产提供了有力的技术支撑。专家小组的成员均为精通果蔬专业的副教授以上级别，例如王久兴老师是黄瓜方面的专家。

其次，集团通过多种渠道邀请知名农业专家、以农民专业合作社为载体，为农民举办各种农业科技培训班和农业科技知识讲座，每年定期进行技术服务10次，服务人数累计1000人，提高了农民科学种田、科学管田的水平，提升了农民的综合素质。通过培训和指导使农民掌握了更多的农业技术，例如水肥一体化、生物防治技术等，同时改变了农民使用高毒农药防治病虫害的传统思想，注重生产安全和食品安全，逐步使用生物农药、生物有机肥，不再盲目地追求农产品产量，更加注意改善产品品质。为了更好地推广农业科技成果、为农户服务，集团组织了专业技术指导队伍，聘用了农学专业大学毕业生组成科技下乡小分队，并配备专门车辆深入基地解决农业生产和管理中的技术难题。

最后，集团与河北科技师范学院签订合作意向，提供果蔬种植基地作为河北科技师范学院的科研教育基地，经过一年的实验，在西葫芦新品种研发上取得了一定的成果。同时，集团与北京花卉研究所、瑞克斯旺、中研惠农、河北科技师范学院等农业科研院所和高校进行广泛合作，通过签订实验示范推广协议，积极为农户引进适合本地栽培的品种和适用技术。在新品种方面先后引进并转化了越夏西红柿—百利、荷兰土豆、胡萝卜820/830、太空椒2号、樱桃番茄、黄瓜—绿岛3号等40多个品种，推广新品种1.3万亩，使农民增收2000元/亩。在新技术应用方面，育苗工厂先后示范了使用进口草碳和营养基作为基质的无土育苗、全自动灌溉等先进种植技术，这些先进技术可以最大限度地减少病虫害，节约劳动力成本，保证蔬菜产品质量。

在"产学研"合作的机制下，嘉诚集团以自身优势为依托、整合多方面资源，通过不断摸索形成了较为成熟的农业科技扩散模式，以中甘21号新品种的推广为例：中甘21号是由中国农业科学院蔬菜花卉研究所研发的甘蓝菜新品种，具有产量高、抗病性强、生长期短的特性，适于北方春季种植。2011年，通过秦皇岛市农业局蔬菜管理中心引荐，嘉诚集团与中国农业科学院蔬菜花卉研究所建立合作关系，作为技术顾问的杜永臣研究员来考察时发现本地区甘蓝的种植规模很大，而且春季的甘蓝品种后期抗病性弱、产量相对较低，推荐了中甘21号进行春季种植。2012年春季,嘉诚集团引进中甘21号在育苗工厂进行试验种植,实验结果为中甘21号在抗病性、产量、产品等各方面表现良好。2013年春天,嘉诚集团向合作社社员和本地区农户大力推广中甘21号,并且在新品种种子和配套农资购买方面向农户提供优惠。当年2000~3000户农户采用中甘21号,种植面积达一万亩(每亩约667米²)以上。由于2013年获得了市场成功,2014年中甘21号种植面积增加了近一万亩(每亩约667米²)。在中甘21号试验过程中,集团在苗期和成熟期前两个阶段请来农业技术专家为农户讲解示范,有兴趣的农户也可以随时来育苗工厂观察新品种的生长情况。此外,农户在种植过程中,也遇到了一些难以解决的病虫害问题,集团请专家采取现场或者远程的方式进行解答。

嘉诚集团一直在选择新品种和新技术进行试验,试验结果表现好的推广给农户,表现不好就直接淘汰。该农业科技扩散模式大致可分为三个阶段:第一阶段为引进阶段,主要负责单位多为科研院所或农业科技公司;第二阶段为试验阶段,主要负责单位是育苗工厂,在实验过程中,集团请农业技术专家为农户进行讲解和示范;第三阶段为推广阶段,完成农户对新品种、新技术的实际应用,此模式可以用图6-2-1进行表示。

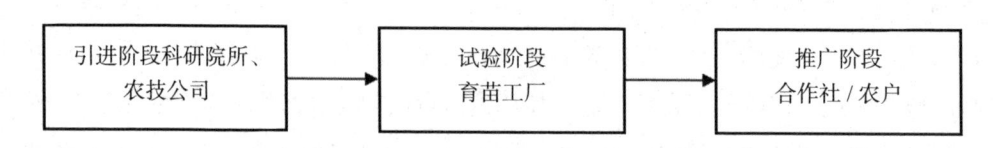

引进阶段科研院所、农技公司 → 试验阶段 育苗工厂 → 推广阶段 合作社/农户

图6-2-1　××集团农业科技创新推广模式图

(二)"公司+合作社+农户"的服务模式

集团以嘉诚蔬菜种植专业合作社为载体,在"合作社+基地+农户"的模式下向农户提供产前、产中、产后不同阶段的多元服务,发挥以点带面的积极作用,不仅实现了规模化、标准化发展,而且带动了当地农业发展和农民致富。

一方面,为了降低社员生产成本,确保农资质量,合作社建设农资配送中心,按照社员需求做到"统一购进、统一配送、统一价格、统一标识、统一服务规范",

有计划地统一为社员购进种子、农药、农膜、化肥等农业生产资料，从源头上降低社员的生产成本，为社员每年节省开支 800 多万元。同时，按照统一技术标准、统一种苗供应、统一农资供应、统一生产加工、统一物流、统一品牌形象、统一市场渠道的现代化农业组织管理方式运作，严格控制质量检测，结合农产品编码管理和责任追溯管理，从种子、化肥、农药、种植管理、产品的质量检测等，都有专人跟踪检查、记录、培训，从源头保障农产品质量，增强农产品市场竞争力。

另一方面，抓住内销和外销两大市场。在外销方面，与黑河、新疆、东宁、绥芬河等口岸客户采取基地订单种植模式，把产品远销到俄罗斯、新加坡、泰国、韩国等国外市场；内销方面，通过"农超对接"的形式将农产品销往大中超市。通过不断扩展外销、内销市场渠道，保证了社员农产品的销售和利益。

第三节 龙头企业农业科技服务的社会作用

农业创新经纪人相关理论认为农业创新经纪人通常采取保持公正立场、争取合作对象信任、不断提高自身信息搜索和社会联结能力、联结不同行动者集体协作等行为策略进行农业科技创新服务，从而起到帮助农业生产经营者表达创新需求、建立农业创新资源整合的创新网络、推动资源整合与集成创新过程等功能作用。嘉诚集团通过"产学研"联合开展农业创新成果试验示范、以合作社为载体提供多元服务等策略，引入农业科技创新资源，说服、引导农户使用，并对农户进行培训、指导，在与农户的协同创新中实现自身的企业目标，承担了重要的农业创新经纪人职能：第一，收集多方信息，整合创新资源。一是嘉诚集团与多家科研单位、高校、农业科技企业开展合作，选择性地试验和开发适用于本地区新品种、新技术，促进科技成果转化，同时为河北科技师范学院提供科研教育基地，参与到农业科技的研发阶段；二是与政府相关部门保持密切联系，积极争取政府资金扶持，承担政府部门的农业科技创新工程项目；三是通过合作社与农户建立利益共同机制，加强双方的沟通与合作，了解农户农业生产实践中的技术需求与应用效果。第二，提供互动平台，建立创新网络。嘉诚集团作为纽带，联结市场、政府、科研、农户等创新主体，消除"信息鸿沟"，建立起高效的创新网络。一是嘉诚集团了解市场需求与潜在要求，又掌握农户的种养能力和产品产出状况，连接了市场和农户，处于市场交易活动的中心，可以使二者实现更加契合的对接；二是，嘉诚集团与科研单位展开合作，保持紧密联系，掌握技术信息和推广现状，同时，通过与农户的沟通，详细了解农户对于农业技术的需求愿望，并能够有针对性地为农户提供产前、产中、产后各个环节的多元化技术服务。第三，完善市场服务，实现创新价值。提供市场开发与服务是农业创新经纪人十分重要的职能之一。这里的市场开发与服务所指的不仅包括农产品的销售、经营与加工，还包含农业生产前期的农资选择与购买。在农产品营销方面，嘉诚集团不断开拓国内、国外两个市场；在农资购买服务方面，嘉诚集团建设农资配送中心，做到"统一购进、统一配送、统一价格、统一标识、统一服务规范"；为解决农产品生产过剩所带来的问题和损失，嘉诚集团建立冷链物流设施和农产品加工厂，在保证农户市场利益的同时，提高农产品附加值。

通过对嘉诚集团的案例分析，可以看出，随着农业产业化经营的发展，龙头企业的作用越来越突出。龙头企业农业科技创新扩散不仅能够实现企业自身的经营目标，也构建起由科研、政府、市场、企业、农户等多方主体共同组成的互动网络，进而加速农业科技成果市场化进程，为助推农业科技创新发挥独特的作用。

一、提高了农业科技成果转化的效率

通过与科研机构和高校的联合，将科研院校的高新技术及理念融入产前、产中、产后的一体化经营中，通过直接对农户进行科技服务，将先进的农业科学技术渗透到农业生产的诸多要素和生产活动的各个环节，从而实现了科技成果在实际生产中的转化。

二、降低了农户应用新技术的风险

一方面，"单个农户缺乏经验、自身素质不高、不了解市场，给使用农业新技术带来了风险"[1]；另一方面，农业科技创新成果的应用"包含了大量的种苗、

---

[1] 李菁，米薇．农业龙头企业在技术扩散中的作用与模式分析[J]．现代化农业，2009（9）：43–45．

肥料、药物等投入品，这些投入品的市场规模较大，竞争激烈，各种营销手段层出不穷，市场产品良莠不齐"[①]，农户很容易接触到这一市场，但因缺少区分产品优劣的能力，也为其使用农业科技新产品带来了风险。如何降低技术和市场风险，确保稳定的销售渠道，使农户放心使用农业新技术、新产品，并获得农业科技创新所带来的实际收益，是农业科技创新扩散的关键问题。龙头企业为了使农户接受并应用农业科技创新成果，主动为农户提供科技成果转化与示范，统一提供农资产品，并通过专业技术人员辅导帮助农户提供技术实施，同时不断扩张市场，延伸产业链，保证农产品的销售，提高农产品附加值，在利益层面维持农户的积极性，从根本上降低了农产品的市场风险和农户应用新技术的风险。

三、强化了农民在农业科技创新中的主体地位

通过龙头企业技术转化示范，农户看到了农业科技创新成果带来的实际效益；通过企业销售订单带动，农民有了学习并应用农业新技术、新产品的强烈意愿；通过企业组织的针对性技术培训和面对面技术指导，农民获得了施用新技术、新产品的能力。农业科技创新成果为农户接受并应用，并对其进行反馈，才算真正实现了农民在农业科技创新体系中的主体地位。

第四节　市场型农业创新经纪人Ⅱ：农资经销代理人

计划经济时代，中国的农业生产资料都是由国家统一管理，由供销社负责统购统销。随着农村家庭联产承包责任制确立和市场经济的发展，中国农业生产资料的销售部门除供销社外，还包括了生产资料公司和农业技术推广站下属的农资销售部门。20世纪90年代国有体制改革，许多原属于国有经济或集体经济的农资销售部门转由个人承包并经营，1995年农资市场向个体经营放开，个体农资经销代理人不断涌现并在推动农业发展中起到重要的作用。

现代农业快速发展过程中一些农业科技新技术、新知识、新成果等需要被

[①] 张丽华，林善浪，霍佳震. 农业产业化经营关键因素分析——以广东温氏公司技术管理与内部价格结算为例 [J]. 管理世界，2011（3）：83-91.

扩散、推广、运用，转化为实际的经济效益，这些新的技术、知识往往蕴含在农业生产资料产品当中，和农资产品一起被农户接受并使用，在此过程中，农资经销代理人必须最先了解并掌握这些新生事物，并将其传授给农户，大多数农资经销代理人在推销农资产品的同时，也推广了很多农业新技术，甚至包括一些前沿的科学知识技术，实际上这个群体扮演了农业技术推广员的角色，"以农资经销代理人为载体，传播农业生产新知识、新技能，推广普及农业科技新成果，是一条最直接、有效、可行，最具针对性、互动性，最易于被农民群众接受的途径"。在实际的农业生产过程中，与农户打交道最多、对地区农业生产、产出状况最为了解的是乡村基层的农资经销代理人，他们在长期的农资经营过程中，与本地区农户建立了密切的关系，或者自身也是其中一员，最容易与农户形成有效沟通，是农业科技创新扩散的重要载体。有些实力较强的农资经销代理人还会凭借自身在乡村社会的影响力领头建立农民专业合作社或者发展农业龙头企业，提供更加全面的科技和市场服务，这两种组织形式前文中均已详细分析，所以本节集中讨论那些仅依靠农资产品经营进行科技服务的农资经销代理人。

  由于中国农资经销部门发展转型的历史情况，因此，中国基层农资经销代理人的组成十分复杂，有些是供销社系统和生产资料公司改制后，原来在这些部门的工作人员开展个体经营，如河北昌黎县草粮屯村农资经销代理人黄某、河北昌黎县农资经销代理人刘某；有些是乡镇农技推广站工作人员兼业经营，如山东滕州龙阳镇农资经销代理人贺某；有些是由原农林局技术推广站下属的农资销售部门改归个人承包后产生的，如河北昌黎县新集镇的董某；有些是乡村精英，如河北大厂县洼子村于某和山东滕州上司堂村农资经销代理人孙某。农资经销代理人往往还与各种形式的农业生产经营主体有着多种方式的联系，如本身是农业种养大户、农民专业合作社领办人等，或者身兼政治、经济领域其他身份，如乡村干部、农村农产品经销经纪人等。目前，与农户打交道最多的农资经销代理人主要有以下三类：

一、乡村精英型

乡村精英型经销代理人多是在农村比较有威望的人,或家族势力较大,或与乡村干部有着密切的关系。乡村精英在乡村社会里具有很强的影响力,有些人是种养能手,可以起到带头作用,有些是农产品销售经纪人,对于市场动态的把握能力较强。这类型的农资经销代理人优势是群众基础好、人脉广,比较容易得到农户的信任;劣势是在于不擅长经营,容易发生不正当竞争,基于自己在本地区属于能人或精英,比较骄傲自大,很多人可能由于经营不善,在激烈的市场竞争中被淘汰。

案例:山东滕州上司堂村农资经销代理人孙某,其父为上司堂村村主任。孙家从1994年开始经营农资产品,开始由孙父主要负责,2003年孙某接手经营。孙家是上司堂村第一家农资经销代理人,经营农药、化肥、种子,现在属于二级批发商,同时也购销土特产。孙家的农资商店是孙父在龙阳镇农业技术推广站和农业办的扶持下建立的,名为龙阳镇农业技术推广第一服务部。在20世纪90年代,上司堂村没有人经营农资,农技站的工作人员为了更好地推广农业技术与产品、方便农民,在全镇范围内分别扶持建立了十家农技及推广服务部,孙家就是其中一家。

二、销售人员型

销售人员型农资经销代理人大多数原来是供销社系统、生产资料公司等集体制农资经销部门的工作人员。这些人擅长经营,守承诺、重信誉,得益于以前工作的经验和培训经历,具备一定的农业科技知识,擅长经营之道;其劣势在于不在自己家庭所在区域开展活动,大多数承包的是原工作单位固定的销售网点,所以人际关系和影响力相对较弱,但通过多年经营,很多人已逐步集聚了关系与人气。

案例1:河北昌黎县草粮屯村农资经销代理人黄某1974年参加工作,进入昌黎县供销社系统,1993年供销社系统体制改革,把经销点租给工作人员，黄某与其他8人合作承包了原来属于公家的农业物资。后来市场越来越不景气，合伙人纷纷退出了。2000年体制改革，黄某彻底放弃原来的工作，开始自己经营。

案例2：河北昌黎县农资经销代理人刘某1985年进入两山乡供销社百货组工作，1995年进入生产资料公司负责农药销售，1999年国企改制买断下岗，与其他同事合伙经营农资，刘某说："当时环境不允许自己干，没有那么多资金，所以大家都是合伙干，积累了资金之后，就逐渐分家了。"2004年刘某开始自己干，经营地点在昌黎县城饮马河大桥植保站附近。昌黎县的很多农资商店都集中在此地，主要是农资批发，大多是农资厂家的一级代理。

三、技术人员型

技术人员型农资经销代理人大多数是基层农业技术推广站的现任或已退休工作人员。他们的优势在于懂技术，农业知识比较丰富，大多数可以提供全面的技术咨询、指导和跟踪服务；劣势是在农村的人际关系基础相对较弱，不太善于经营。

中国的农业生产经营主体目前呈现多元化的发展趋势，家庭农场、农民专业合作社作用与优势越发突出，也越来越受到国家政策的关注与扶持，一部分乡村精英型农资经销代理人向新型农业生产经营主体转型；销售人员型农资经销代理人来源于原供销社体系和生产资料公司，老龄化严重，很多人已经退休不干，或者由其子女接手经营；而农业技术推广站的工作人员把自己的人力技术资源优势与农资经营紧密结合起来，既可以缓解基层农技人员福利待遇差的困境，又可以提高农资经销代理人整体的农业技术水平，是发展较快、较好的一类。

第五节　农资经销代理人农业科技服务行为分析

一、农资经销代理人农业科技服务行为动机

农资经销代理人的经营行为一般都是根据自身发展情况和家庭情况所做的职业选择。一方面是职业拓展，如乡村精英型农资经销代理人，多为兼业型农民，既从事农业生产，又进行农资销售；另一方面是职业自救，如销售人员型农资经销代理人，在国有企业改制后，一部分企业职工失去了工作，需要寻找新的工作机会维持生计。

必须明确的是完成农资产品的销售、获取市场利润是提供农业科技服务的最终目的，但农资经销与科技服务的行为是否取得成功、是否获得农户信任却受很多因素的影响，主要有以下两方面：第一，从业资格和能力。大多数农资商都具有一定的从业资格，例如山东上司堂村的农资商孙某经过培训取得了农技师资格证，河北昌黎的农资商黄某在供销社工作时经过培训，取得了农艺师的资格。农资行业产品更新较快，农户种植的品种逐渐增多，很多新知识、新技术都必须靠自学和自己钻研。同时，农资厂家也定期为各级经销代理人开展培训和技术服务。第二，他人的帮助。有些农资经销代理人可以获得来自行政部门的帮助，一般得益于与行政部门有较为紧密的往来。例如山东上司堂村的农资商孙家。此外，熟人组成的社会关系网络可以为农资经销代理人的经营行为提供良好的物质支持和市场环境。例如，昌黎县的农资经销代理人60%～70%都是原来昌黎县供销社和昌黎县生产资料公司的职工，这些人相对于一般人，有着更加丰富的知识和货源渠道，而且相互之间熟识，形成了一个由熟人组成的包括一级（二级）代理商和村级分销商的农资经销代理人社会网络，也是一个农资营销网络，他们之间互相联系，互相帮助，为彼此的发展助力。

二、农资经销代理人农业科技服务行动策略

基层农资经销代理人的科技推广方式基本上大同小异，基本上都是农民过来购买产品时针对自己不懂的问题向他们进行询问，或者直接带着有问题的产品或

样本过来寻求解决方案。同时，农资经销代理人也会主动开展一些行动为农户进行科技服务，典型策略主要有以下三种：

（1）新产品试验，农资经销代理人要对自己出售的产品负责，所以每当有新产品上市时，他们在进行销售前都要做试验，自己有土地的在自己土地上进行试验，自己没有土地的就与其他农户合作试验，例如河北昌黎县农资经销代理人刘某说："每有新产品，都会下去做试验，与农民打交道很容易，农民很朴实，你跟他说我们有个新产品想搞试验，他也会很愿意配合你，我们给他免费提供产品，他帮我进行试验。"在选择试验田时他也有自己要考虑的因素和标准："选择试验田主要就是看新产品的效果和安全性，所以第一选择标准是要求农户有责任心；还有就是示范地块要靠近路边，因为是试验示范，比较容易让其他人看到，也方便自己进行观察；同时还要针对这个村的种植特点，试验针对某个作物品种的新产品，要选这个作物种植面积比较大的村庄进行示范。"

案例：刘某示范推广生物菌肥

推广微生物菌肥的田间示范，我们选择了抚宁区纸房村，分销商是杨继生，示范户是王振新，选择的生姜进行试验，做完试验以后，姜的长势很好，产量也很高，我们当时做了一系列的跟踪观察，前期种完以后出苗率很好。微生物菌肥不烧种、不烧苗，过去他们都是用农家肥，用好多粪，用完后浇水，天气一热，农家肥就在地理发酵，产生的热量就会烧坏种苗。而微生物菌不仅不会烧坏幼苗，还会使土地蓬松，形成团粒结构，使姜块的个头长得比较大。当时选择这个村是因为不仅销售商有积极性，而且这个村姜的种植面积比较大，这个示范户种姜规模有20亩（每亩约667 $米^2$）。示范的当年就取得了比较好的成果，那年的姜是三块钱一斤，我们试验的那一亩（每亩约667 $米^2$）地产量是12 000斤（6000公斤），其他没有使用的土地产量是8000～10 000斤（4000～5000公斤）左右，最高的、长得最好的不超过11 000斤（5500公斤）。后来我在那个村组织了一个现场观摩会，请大家亲自到地里去看，还专门请了一个录像的人，把观摩会的视频刻录成光盘，发给了分销商。微生物菌肥做试验期间，我定期亲自去进行指导，什么时候用肥，用几次，用多少，我都会详细讲解。

（2）小组讨论会，有些农业生产过程中出现的问题，农资经销代理人解决不了，可能农村其他种养大户、种植经验丰富的老农户或技术能人知晓，所以在遇到这类疑难问题时，有些农资经销代理人会召集大家来共同探讨。例如昌黎县草粮屯农资经销代理人黄某提道："一出现什么疑难问题了，大家都来这，坐下来共同探讨，我也不见得都明白，坐下来一块探讨。"

案例：黄某组织小组讨论会

因为连年使用除草剂造成土地硬化，土地碱化逐年增多。一开始老百姓不太懂，我们卖农资的也不太懂，天天使用化肥农药造成土地碱化，玉米种完之后不长，或者能长出苗，但是长不大。这个地区因为靠近沿海，沙性大，属于沙质土壤，本身就容易碱化，技术员下来去地里看过后说是土地碱化，怎么解决他也没能拿出很好的方案，说可以用石膏粉改善土地沙化，但因为投入太多在农村根本实现不了，这种方法既增加了物资成本，又增加了人力成本，庄稼收完大家就都去做别的事情了，没人愿意弄这个。在这种情况下，我们召开了小组座谈会进行具体协商，争取尽量减少这方面的损失。当时有十来个人参加了，都是村里比较有威望、在种地方面比较有经验的人，地点就在我这，共同探讨这个问题，有人提出往地面铺沙子，但是增加了劳动力强度，增加了人力成本，还有人提出铺黑土，中和沙性土质，但是这种方法不仅增加人力，而且黑土资源不太好找。经过大家集思广益，最后一致同意多使用农家肥，采用了一种有机无机肥结合在一起使用的方法，通过几年使用并观察，土壤的碱化程度逐渐改变了，尽管没有增加生产成本和人力成本，但是产量却逐年增加，这个方法已经使用三年了，成效明显。

（3）求助生产厂家技术指导何时追肥、何时打药。农资经销代理人都会主动地告诉农民，遇到不能解决的问题时，他们会及时将情况反馈给农资生产厂家，大多数生产资料厂家都有专家或者专门的技术指导提供解决方案。与厂家合作开展农业技术服务主要有以下两个方式：一是厂家的技术人员来基层进行指导，定期为经销代理人进行培训，经销代理人也会协助厂家去村里给农民开产品推广会，直接给农民讲解产品的知识、需要的技术和使用方法；二是经销代理人领着种植大户去厂家参加产品推广或技术培训活动。

第六节 农资经销代理人的社会作用

农资经销代理人长期与本地区农户打交道，与农户关系比较亲密，接近农业生产实践，熟悉本地区的自身环境特征和生产经营特点，了解农户的实际生产需求和技术需求，因此在促进农业科技新产品和新技术的扩散与应用方面具有较为突出的作用。但是由于其科技服务行为多与农资产品销售相联系，自身经济实力和科技能力较弱，其作为农业创新经纪人的功能主要体现在建立简单的创新工作网络：首先，农资经销代理人作为中介，帮助技术提供方与农户之间建立联系，例如以生产研究农资产品为主的科技型农业企业自身很难进入乡村社会，需要寻找一个载体进行合作，普通农户难以与生产厂家直接建立信任关系，大多数科技型农业企业会选择借助地方农资经销代理人的力量和渠道与农户进行接触，农资经销代理人不仅可以代理他们的产品进行销售，而且能够协助他们取得农户的信任，为农户进行以产品为依托的技术服务，如此科技型农业企业的推广人员与农户可以在农资经销代理人提供的平台上进行交流，促进了新产品的应用；其次，农资经销代理人更加了解农村情况和农民需求，可以借助自身在本地区的影响力，组织本地区的农户进行学习讨论和经验分享，可以帮助农户发现本地区农业生产经营中的问题，或通过集体讨论探索解决方案，或向农资生产厂家寻求帮助，也可以将农资产品中存在的问题反馈给农资生产厂家，以促进农资产品的改进和优化。由此，农资经销代理人在普及农业科技知识和完善农业创新服务体系方面具有重要作用。

一、促进了农业知识的快速、广泛普及

农资经销代理人根据地区和渠道分为一级、二级等不同层级的代理权限，这些不同层级的代理人构成了一个看似松散、实际严密和广泛的农资经销体系网络。

通过这个销售网络，农资产品得以被农户购买、使用，而蕴含于农资产品中的农业科技新知识、新技术得以快速而广泛地得到普及。尤其是村级农资经销代理人，他们生活在农村，同时也参与农业生产，依靠亲缘和地缘优势，与农户联系紧密、互动频繁，可以及时、快速地解决农户生产中的各种问题，同时以农资产品为载体向农户传递农业科技新知识。

二、补充了农业科技创新服务体系

不是每个村镇都有科技特派员、农民专业合作社、龙头企业或农业高校试验站等组织为农户提供科技服务，而公益性的国家农业科技推广部门最低一级的也是设置在乡镇的，但几乎每个乡村都有这一层级的农资经销代理人存在。当其他组织化的农业创新经纪人缺位时，尤其是一些较为落后和偏远的乡村，农资经销代理人为农户提供的产品服务、科技服务就起到了突出的作用，有效地对农业科技创新服务体系进行了补充和完善。

第七节　问题与困境

一、龙头企业发展中存在的问题

龙头企业整合各方面资源，建立起市场、企业、政府、科研及农户之间有效的联结，形成了多方创新主体共同参与的农业科技创新网络，并通过这个网络获取农业科技创新成果，进而向农户提供科技服务，提高了农业科技创新成果实际应用率，向农户提供销售和加工服务，实现了农业科技创新成果的市场价值，承担了农业创新经纪人的重要职能。龙头企业作为农业创新经纪人所履行的各项功能不仅促进了农业科技创新成果的转化，而且分担了农户应用新品种、新技术和市场经营的风险，引领农户进入集约化农业，加快提升农产品增值，适应了农业经营体制走向集约化、专业化、组织化、社会化发展的趋势，满足农业创新服务体系的需求。但是我们还必须承认，龙头企业现阶段所实行的农业科技扩散模式还保留有线性推广模式的大部分记忆，创新研究方、技术提供方（科研单位或专业技术人员）与应用方（农户）之间的互动大多停留在如何解决新品种或新技术实际应用的层面，缺乏技术应用主体对于技术提供主体的反馈机制，如何加强应用主体对于科技创新的贡献、建立起多元互动的新型农业科技创新体系，还需要进行不断地探索。同时，目前龙头企业发展中也面临许多问题，主要表现在以下两个方面：第一，资金缺乏，贷款难度高，同时企业的发展规模普遍较小、经济实力较弱，难以承担科技创新过程中需要的大量资金投入。第二，现有人员专业水平和综合素质不高，人才队伍不完善，缺乏科技研究型人才，企业自主创新能力较弱；缺乏经营管理人才，经营管理水平是相对落后，大多数企业经营者对现代企业经营管理的理念、方法、技术知之甚少；缺乏掌握和熟悉国家经济政策法规的法律人才和农业投资融资专业人才，不能满足龙头企业科技服务和农业生产发展的需要。

二、农资经销代理人发展中面临的困境

农资经销代理人是最贴近农户生产过程、与农户打交道最多的农业创新经纪人，他们的科技扩散行为虽然都以利益为首要前提，但是行为本身具有一定的公益性，很多人只看到了他们的销售动机，而忽视了这一点。同时，农资经销代理人很少会做出故意伤害农户的行为，因为他们处在一个熟人社会中，尤其是村级农资经销代理人，与其顾客（当地农户）有着千丝万缕的联系，他们一旦有不当行为发生，将难以在乡村社会继续经营甚至生活。不可否认的是，由于农资经销代理人的农业知识和技术水平参差不齐，所以不仅需要经销商自身加强学习，也需要社会的关注与扶持。大部分农资经销代理人抵御市场风险的能力较弱，尤其是村级农资经销代理人。

第七章　知识型农业创新经纪人

本书将以综合性农业科学技术知识为主要依托，以区域农业试验站为中心回应周边农户、家庭农场、农民专业合作社和地区政府的创新诉求，为各类生产经营主体提供技术和种养示范试验、咨询服务和技术培训服务，并为农业院校提供教学实习服务的相关组织界定为知识型农业创新经纪人。由于存在信息鸿沟和知识鸿沟，农业高校、农业科研单位等学术机构的农业先进科技成果大多止步于实验室，不能为农户所采纳和应用，一些研究者为了解决技术不能落地的困难，做了很多有益的尝试，尤其是一些农业高校，结合自身学科优势和专业特点，积极参与农业科技创新扩散活动，主动建立能够将实验研究和农户应用联系起来的组织机构、交流平台。一方面能够使技术研究者了解农户生产实际中的现状与需求；另一方面使农户能够了解、学习先进的农业技术知识，并按照自身情况选择和应用，例如南京农业大学的"科技大篷车"模式、西北农林科技大学的"专家大院"模式、河北农业大学的"太行山道路"模式、东北农业大学的"农业专家在线"模式等。本章以中国农业大学资源与环境学院创建的"科技小院"模式为例，分析以农业高校基层科技服务机构为代表的知识型农业创新经纪人的形成原因、行动策略、作用意义等。

第一节　典型案例：中国农业大学"科技小院"

"科技小院"由中国农业大学资源环境与粮食安全研究中心主任张福锁教授率领粮食作物"高产高效（双高）"创建团队依托校外试验站建立。2009年3月在当地政府的协助下，"双高"团队开始在河北曲周进行选址和建设，2009年6月第一批师生入驻，在曲周县14个村建立第一批"科技小院"。在组织建设方面，资源与环境学院院长主管曲周推广组织的宏观活动策划和政策方向的制定，安排主管教授具体负责曲周县所有双高示范基地的技术试验和农业技术推广工作，根据作物品种和地理位置设置不同养殖示范基地，每个基地由一名教师负责，每位基地教师和其指导的数名研究生直接与农户对接。研究生住在农家院，开办农民田间学校，为农民朋友提供零距离的科技服务，"科技小院"的驻村师生住在农户家中，与当地农民建立信任；免费向农民提供常规性和针对性的技术培训，采用多样化的方式向农民传递农业科技知识；农民也可以到"科技小院"中咨询、学习技术知识；农民在实践过程中遇到不懂不会的问题可以随时到"科技小院"请教技术人员，直到完全掌握。"科技小院"科技服务模式就此诞生。

此后，"双高"团队在全国其他省市相继建立了吉林梨树"科技小院"、黑龙江建三江"科技小院"、广东徐闻"科技小院"、广西金穗"科技小院"、山东平度"科技小院"、四川射洪"科技小院"等18个科技小院，形成了从北到南，从东到西的分布；服务作物种类从粮食作物水稻、玉米、小麦，进一步扩展到西瓜、苹果、菠萝、香蕉等经济作物；服务对象从曲周的一家一户小农业，到吉林一户几十公顷的中等规模经营，再到东北现代化大农业，再到广西集约化经营的农业企业[①]；成功推广单粒播种技术、测土配方技术、水肥一体化技术、无人驾驶飞机喷洒技术、卫星地面遥感技术等。

第二节 "科技小院"农业科技服务行为分析

一、"科技小院"农业科技服务行为动机

"科技小院"的建立及开展科技服务主要由以下两个方面的原因促成：一是项目对于课题成果进行转化的要求。国家重点基础研究发展计划"973""公益性行业专项"等项目明确要求在基础研究的基础上，把先进的科技成果转化成为实践领域的应用技术，所以必须安排一部分人去完成这项工作。二是探索教育与技术相结合的创新扩散模式。当时中国农业大学刚刚启动专业硕士的招生与培养，对于培养方式还没有十分明确的路径，需要进一步地研究与探索，是采取与

---

① 范建. 农大南宁现代农业"科技小院"揭牌 [N]. 科技日报，2012-12-19（8）.

科研型的学术研究研究生相同的培养方式,还是选择一种新的培养方式是很多老师都在考虑的问题,资环学院的领导与老师经过研究与讨论,结合专业硕士更侧重实操的特点,制定出让研究生在农业生产实践中学习、研究的培养方式:入驻"科技小院"的研究生一方面作为一线技术人员在农村开展科技服务,传播先进农业知识;另一方面置身农业技术示范和生产活动中,将理论知识与生产实践相结合,发现问题、确定自己的研究选题,在田间做研究实验,研究并解决生产实践中出现的问题,设计"一种'学校+基地+乡村'三位一体的专业学位研究生培养模式"[①]。因此,中国农业大学资源与环境学院建立了一个集科研、教育、示范、推广、应用于一体的创新平台。

二、"科技小院"农业科技服务行动策略

(一)因地制宜的科技服务

首先,针对不同种植规模的农户,采取了不同的技术策略和服务策略。

案例:测土配方施肥技术是"科技小院"主要推广的技术之一,根据不同地区的种植规模和自然特点,"科技小院"制定了不同的技术实施手段和服务策略,起到了不同的作用。一是针对小规模种植的农户,例如河北省曲周地区,人均耕地0.1公顷,作物生产利润也较低,"科技小院"主要是一家一户面对面地为农户提供服务。驻地师生住在农户家中,与农户一起进行农业生产工作,农民可以到"科技小院"进行咨询,研究生针对农民个人情况进行一对一的讲解和指导,同时也将农民集中起来进行技术培训和知识分享,建立田间学校,进行信息交流,培养技术带头人。二是针对中等规模种植的农户,例如吉林梨树地区,每个家庭有1~2公顷土地种植面积,"科技小院"主要通过农民专业合作组织来进行技术扩散与服务,包括技术培训、现场示范、农户座谈等形式。因为农户的生产规模相对较大,机械化程度比较高,形成专业

---

① 张宏彦,王冲,李晓林,等.全日制农业推广专业学位研究生"科技小院"培养模式探索[J].学位与研究生教育,2012(12):1-5.

合作组织以后节省的农资成本、机械工具成本比重更大，收益也更明显。因此采用了无人飞机喷洒技术等，进行规模化作业。三是针对大规模种植的农户，例如黑龙江省建三江地区，每个家庭管理25公顷土地，"科技小院"结合当地的气候特点、作物生长特性进行技术的创新与升级，以农场为单位提供科技服务。建三江农场的特点是军事化管理，农户要完全按照农场的制度和要求进行农业生产，并且有相应的惩罚机制，所以农场的机械使用率本身比较高，还有很好的技术研发基础。在这里，"科技小院"一方面协助农场对农民进行培训，讲解技术原理及使用此技术的缘由，提高农民的接受意愿；另一方面是研发出适应当地生产特点的更先进、更高层次的技术，改变农场技术管理规程。主要应用了卫星地面遥感技术、地理信息系统和全球定位系统等技术。

其次，根据农村当地居民的生活环境和行为习惯设计针对性的科技服务方式。

案例1：曲周"科技小院"的师生，根据当地农民的行为习惯设计很多新颖且高效的科技扩散方式。一是利用广播进行科技宣传。广播信息发布的及时性强、传播速度快、传播范围广，尤其是自然灾害、病虫害预警，效果明显。"科技小院"的研究生利用村级社区广播进行科技知识的宣传，并且为了适应当地的语言特点，提高农户的理解度，请来当地人即兴宣讲。二是制作"科技长廊"，提高知识普及率。为了解决大部分农户不能主动上门和不能随时随地找到"科技小院"师生咨询的问题，师生们自己绘制了一套固定的、图文并茂的介绍生产知识和技能的展板，表现形式主要是图片配以少量文字，便于农户理解。并将这些展板设置在农户必经的、交通便利的主干道上，设置了一个固定的可以使农户接收信息的地方，提高了农户对于一般性技术的可获得性。三是制作"科技小车"走村串户。"科技小院"研究生借用农户家的农用三轮车，将其制作成"科技小车"，并驾驶"科技小车"走村串户，一方面利用音响设备播放科技知识；另一方面发现农户生产管理中的问题，及时为农户提供帮助。"科技小车"招手即停，有问题随时解答，把科技服务送到家门口，提高了农户获得知识的便利性，也提高了研究生与农户的接触率，消除彼此间的距离感。四是制作"明白纸"和"科技挂历"。"明白纸"将常用的农业生产知识技术用一张纸印刷出来，类似于技术指南，发放给农民。它具有成本较低、可迅速发放的优点，但缺点是不容易保存，单纯的文字内容农民不容易接受。后来发现农民普遍有用挂历糊墙、铺桌子等二次利用的现象，师生们就把"明白纸"改成了"科技挂历"的形式，增加了图片的内容，减少了文字的内容，也便于农民保留。

案例 2："科技小院"驻村研究生高超男发现村里的留守人员以妇女和儿童居多，提出并建立了"三八科技小院"，专门针对村里的妇女进行农业生产培训和生活指导，得到了当地农村妇女的积极响应，共培训农村妇女近千人次，对提高农村妇女的生产技能，改善文化生活质量起到了积极的推动作用，受到了当地群众广泛赞誉[①]。

（二）田间学校培训技术示范农户

"科技小院"的师生为当地农户开设每月两次的田间学校培训课程，课程的主要内容是系统性的农业理论和知识，培训时间较长、次数较多、连贯性较强，可以进行面对面的交流，加强与农户的沟通、建立信任、收集农户对于技术需求的反馈——如哪些技术对于农户不适用、不好用以及应用中存在的问题等，师生根据农户的反馈情况转换方式或改善技术方法，以适应当地的需求。田间学校的主要目的是培养农民科技精英、科技示范带头人，通过这些示范户以点带面，起到二次技术扩散的作用，提高农户整体对知识的认识。田间学校的学员也有一定的选择标准，要考虑学员是否能将技术很好地传递出去，所以需要选择那些本身技术能力较强、对新技术有兴趣且乐于助人的人，以使二次传播的效果更好。此外，还有一点必须满足的条件是农户需长期务农，因为田间学校的授课时间是每个月两次，外出务工的人员不能系统、全面地学习农业知识，会影响到后续的传播效果和技术扩散。

---

① 张宏彦，王冲，李晓林，等. 全日制农业推广专业学位研究生"科技小院"培养模式探索[J]. 学位与研究生教育，2012（12）：1-5.

（三）与其他部门合作扩展农业科技扩散工作网络

每个地区的"科技小院"都不是单打独斗式地进行科技服务工作，都与本地区相关行政部门、研究机构进行了有效的合作，以扩展农业科技创新扩散的工作网络，与中国农业大学进行合作的相关行政部门有河北省曲周县、吉林省梨树县、重庆市江津区等地方政府，相关科研机构有河北农科院、河南农业大学、青岛农业大学、西南大学等多家研究院和地方农业高校。地方部门的支持为"科技小院"的科技服务行为提供了有力的人力和物力支持，同时，"科技小院"也提高了当地技术推广部门的工作效率。

案例：从2010年冬季开始，曲周的"科技小院"联合曲周县农牧局、曲周县科技局开展了覆盖全县10个乡（镇）342个行政村的"冬季农民大培训"，以期提高农民科技知识水平、促进农业新技术的普及应用、全面增强农民科技素质，使"冬闲"变为"冬忙"。然而，在培训初期，发现个别村的实际参加培训人数明显少于预期，针对这一情况，"科技小院"的师生在具有代表性的曲周镇赵庄村开展了入户走访和问卷调查，探寻农户对科技培训的兴趣及其行为影响因素。调研结果表明，农户不愿参加培训的主要原因是以前曾经因参加以销售产品为目的的商业宣传活动而举办的假培训，购买了假冒伪劣的农资产品而对村组织丧失了信任，进而将由政府组织的非营利性正规培训也误认为是销售活动。通过"科技小院"研究生的走访调研，一方面找到了农户不愿参加培训的真正原因；另一方面也宣传了培训的真正内容和作用，重拾了农户对于政府部门的信任[1]。

（四）与农资企业合作物化技术方案

将新知识融入商业产品是"双高"技术得以扩散的重要基础，农资企业不能生产出完全符合农户作物营养需求的复合肥料，农业专家也很难将先进的肥料配方技术直接转移给农户。针对这种情况，"科技小院"通过与农资生产企业建立

---

[1] 赵怡，曹国鑫，牛新胜，等．农民对科技培训的兴趣及其行为分析［J］．现代农村科技，2011（8）：4-5.

研发中心或生产合作，将先进的技术配方进行物化生产，为基地所在区域内的农户提供适合的肥料，保证科技创新扩散的有效性。"科技小院"选择了在国内企业诚信度高、产品品质好、社会责任心强、生产实力强、地缘较近的农资企业进行合作。

案例：河北曲周的农户种植玉米的施肥习惯有两种，一种是不施肥，一种是一次性施肥。这样的施肥行为和管理方法均不利于满足玉米整个生长时期里对于养分的需求。正确的管理方式是分期施肥，但分期施肥一方面增加了农户的劳动力成本；另一方面农户不懂如何选择与自己土壤情况相匹配的肥料产品和配方，而且大多数农户以过量施肥为主，以避免少量施肥或不施肥造成的减产，在肥料配方的选择上比较盲目，以价格衡量选择，不考虑肥料的适应性。针对这种情况，曲周的"科技小院"师生先通过培训增强农户对于施肥理论知识的了解，让农户对知识进行认可。与此同时，农户虽然接受了分期施肥的管理方法，但仍可能会受到市场上假冒伪劣产品的蒙骗。为了使当地农户能够购买到比较好的产品，"科技小院"开始与农资企业联系。

第三节　"科技小院"农业科技创新服务的社会作用

"科技小院"是集科研、教学、推广"三位一体"的创新服务平台，以研究生驻地研究，零距离、零门槛、零时差、零费用服务农业生产经营者，以实现作物高产和资源高效（双高）为服务目标，通过与农户有效的沟通，研究其技术需求，设计出科学、合理和高效的技术支持路径，通过提供多元化的科技培训与服务，实现农业科技创新扩散的长效机制，形成了学校、政府、企业、农户多方互动式运行机制，其重要功能在于建立了面向农户需求和地方发展需要、多学科集成创新工作平台，对不同参与主体均具有重要意义。

一、形成了农业高校以"需求"为导向的研究模式和参与式研究方法

研究生进入"科技小院",与农民同吃、同住、同劳动,零距离地接触"三农",在实践锻炼中熟悉农村环境和农业生产现状,了解农业生产实际中的问题,一方面在田间地头向农民、农业技术员学习农业生产知识;另一方面在基地老师和农技人员的指导下开展农业科技服务和农民科技培训工作,将理论知识与生产实践相结合。在这样的机制作用下,研究生的研究选题皆来自生产实践,同时可以将农业生产中存在的问题反馈给更高层次的研究人员(指导教师和主管教授),形成以"需求"为导向的研究模式;确定好研究选题后,研究生在农户田间进行研究实验,与农户和当地农业技术人员共同探讨试验结果,及时了解农户对于先进技术的看法和需求,形成了参与式研究方法,实现了理论与实践、研究与应用的有效结合。

二、提高了政府农业技术推广工作的效率

从2004年开始,全国开展了"测土配方施肥"项目,主要是通过政府部门将"测土配方施肥技术"及配套产品进行推广,全国各个农业生产县都在进行这项工作,然而由于中国土地面积较广,各个区域情况特殊,开展十年依然没有完全覆盖。由于"测土配方施肥技术"是"科技小院"科技推广的核心技术,因此,"科技小院"的工作对当地政府更好地开展这项工作形成了辅助作用,帮助当地政府在没有覆盖到的村镇进行了完善,帮助其做更大面积的测土配方,这也是"科技小院"的功能之一。此外,研究生拥有的新知识在一定程度上补充了基层农技人员知识老化的不足,研究生的参与在一定程度上解决了基层农业技术人员少、技术力量不足的问题。

三、增加了农户家庭的整体收益

"科技小院"提供的科技服务提高了农户的农业知识和管理水平,先进的技术增加了农产品的产量、节约了农户的劳动力成本,优质的农业生产资料节约了

农户的经济投入,从总体上增加了农户家庭的整体收益。

案例:广东省徐闻县的"科技小院"将"水肥一体化"技术推广应用于菠萝的种植管理,取得了明显的效果。使用"水肥一体化"技术的菠萝均呈圆柱形,个头更大、果实大小均匀,亩产量高达4928公斤,商品果率达96%,平均单果重1.2公斤,比传统方法种植增产19%以上,且成品果率有效提高。"科技小院"的研究生严程明介绍:"以50亩(每亩约667米^2)规模的菠萝种植园为例,由于省工、省肥、养分利用效率高,该技术每亩可增收2100元,且规模越大增收效果越明显。"规模越大,平均下来每亩(每亩约667米^2)的设备及管道投入越少,节约的成本越多,同时此项技术还节省了越来越昂贵的人工成本。当地菠萝种植大户彭德灿介绍说:"以前种菠萝,每次追肥都需要雇十来个人,现在一个人就足够,而且劳动强度降低很多,只要倒进肥料,打开阀门就可以了。"[①]

四、实现了高校和企业"双赢"的发展战略

"科技小院"根据当地土壤肥力水平和农产品营养需求状况,提出所在区域内适合应用大规模主要作物的新的肥料配方调整的建议。接下来,便是寻找适合的农资生产企业进行研发合作,给对方无偿提供先进的技术配方,一方面转化了先进的肥料配方技术,将新技术融入商业产品生产,提高了成果转化效率;另一方面优化了农资生产企业肥料的产品品质,帮助其进行市场开发,建立厂家与农户的直接联系,减少中间环节,清理了假冒伪劣农资产品对于农资企业获取农民信任的障碍,实现了校企互动"双赢"的发展战略。

本章以中国农业大学资源与环境学院创建的"科技小院"为例,详细讨论了知识型农业创新经纪人形成的原因、运行机制以及作用意义,通过分析我们可以看出,知识型农业创新经纪人处在一个相对公正的立场,整合政府、科研机构、农资生产企业、农户这些不同的创新行动者共同建立创新工作网络,并通过无偿

---

① 杜晓文."科技小院"种出"滴灌菠萝""菠萝水肥一体化"项目试验成功[N].农资导报,2013-03-26(D3).

的科技服务和技术成果转移努力争取不同创新行动者的信任，帮助农业生产经营者表达创新需求，形成了以"需求"为驱动的研究模式和科技扩散模式。

然而，类似于"科技小院"这种结合了学生培养环节、以研究生为科技服务基本单位的农业创新经纪人还存着一些问题，主要有以下三方面：首先，在入驻学生的选择层面，由于某些学生的性格或能力并不适合这种与实践结合紧密的学习方式，其在某种程度上给学生的学习造成了困扰，影响了科技服务的效果；其次，由于学生学制的限制（研究生培养最长学制为三年），使入驻学生更换得太快，影响了科技服务的持续性；最后，农户采用某项生产管理技术后，一定时间内不会频繁更换，当核心技术达到完全覆盖后，这种以推广核心技术为主的农业创新经纪人失去了存在的意义，面临着如何转型的问题。

第八章 结论与思考

第一节 农业创新经纪人对中国农业创新的意义

通过前面的分析我们发现中国农业创新经纪人的存在与发展对于中国农业创新体系具有重要意义：首先，在理论层面，中国农业创新经纪人研究丰富了国家农业创新体系理论；其次，在实践层面，多元化的新型农业创新经纪人完善了中国农业创新服务体系，是对传统的以国家农业科技推广部门的有力补充。

一、农业创新经纪人研究丰富了农业创新体系理论

农业创新体系理论是在国家农业研究体系理论和农业知识信息体系理论基础上形成的，与强调农业科技创新基础研究的国家农业研究体系和强化农业技术教育推广的农业知识信息体系不同，农业创新体系理论将农业创新看作由不同性质和类型的组织、企业、个人等多元主体共同参与、互动的协同工作网络行为过程，通过不同主体组建的工作网络实现新产品、新工艺、新方法的商业化，在公共的、私人的、公民社会等所有形式的参与主体中进行知识与信息的交互、共享，在过程中影响制度与政策的改变。农业创新体系理论框架规划了新的农业知识生产和使用方法，此理论框架更加关注在"技术提供方"和"技术使用方"之间建立有效的联结与沟通。农业创新经纪人研究丰富并发展了农业创新体系理论，关注了农业科技创新过程中完成跨界知识传播、技术扩散的边界活动人的重要作用，农业创新经纪人机构和个人通过建立互动网络平台，使农业"技术提供方"（农业科技研究者）和"技术使用方"（农业生产经营者）之间形成联系，帮助农业生产经营者向农业研究机构表达创新需求，帮助农业研究机构向农业生产经营者推

广农业创新的研究成果，从而消除信息鸿沟，同时帮助农业科技研究者将其成果翻译转化为农业生产经营可以接受并想进一步了解的语言体系，进而消除知识鸿沟，就像是架在研究机构和农民市场之间的一座桥梁，使农业知识和信息能够在不同参与主体中流动与共享，是农业创新成果能否成功实现商业化的重要推动力量，农业创新经纪人研究正是对农业创新体系理论要求的印证。

此外，由于产生环境不同，中国农业创新经纪人发展与行为有其独特之处：首先，由于国家体制的不同，中国农业创新经纪人形成的主要类型和行为活动受政府政策环境影响较大，而其诉求及行为对于国家及地方政府政策改变的影响则较弱，尚未形成表达政治诉求的有效机制；其次，中国农业创新经纪人更加关注农业科技创新成果的商业转化以及为农业生产经营者带来的市场收益，多为兼业型农业创新经纪人，通过自身生产经营行为获取利益，并不通过农业知识传递和技术扩散行为维持自身的生存与发展。中国农业创新经纪人研究分析了在中国特定的政策环境和产业背景中不同类型农业创新经纪人的产生及其农业创新服务行为活动，进一步丰富和完善了农业创新体系理论。

二、中国多元化农业创新经纪人是对传统农业推广者的有力补充

中国传统农业推广体系是在国家农业研究体系理论和农业知识信息体系理论指导下逐渐建立并完善的，农业研究机构与农业推广机构分属于不同工作部门和系统，研究者和推广者之间难以建立有效的沟通与连接机制，形成了"条块分割"的局面。同时，中国农业研究机构和农业推广机构以国家所属的公益性机构为主，工作行为以行政性指令为依据，部门利益不从市场中获取，缺少利益激励机制，因此，农业研究与推广行为与农业生产实践和市场需求相分离，从而降低了农业科技创新成果转化率和农业科技推广工作的有效性。多元化的农业创新经纪人与传统农业推广者不同，他们更加看重农业科技创新成果的商业化应用，以及应用带来的生产性和市场性收益，切实改变农业生产经营者的生产方式和理念，以适应市场和消费者的需求。中国农业创新经纪人本身多为营利性机构，但其农业科技扩散行为多为公益性。他们建立了农业科技研究者、政府农业推广部门、农户

等多方参与主体信息沟通和互动的平台,在原来"条块分割"的各个部门之间建立协同工作网络,促进农业知识信息和技术的流动与应用,是对传统农业推广部门的有效补充,具有重要的现实意义。

三、农业创新经纪人对中国农业创新服务体系的意义

(一)完善了新型农业创新服务体系

随着中国农业科研系统和技术推广体系改革,以及市场经济的深入,多元化的农业创新经纪人适应了目前中国农业产业、农业生产经营者对于农业科技的需要,在科技创新、示范推广、应用转化、市场开发等多个环节和产前、产中、产后不同阶段开展全方位科技服务。多元化的农业创新经纪人的出现弥补了中国传统单一、公益性科技推广体系的不足,完善了新型农业创新服务体系的建设和功能。

(二)形成以"需求"为导向的农业创新服务

多元化农业创新经纪人队伍中有些机构和个人从事专业技术研究,开展科学研究是其工作的重要内容,尤其是知识型农业创新经纪人和某些科技特派员,通过与农户面对面的科技服务,建立起科研与生产实践的联动机制,引导技术研发方向,促进科研与生产相结合;其他类型的农业创新经纪人也热衷于寻找适合当地农户的农业科技创新成果,并将分散农民的科技需求进行整合,反馈给科研机构,使科研机构能够及时把握市场需求。这些都促使农业科研人员的课题研究能够来源于生产实际,其研究工作更具有时效性和针对性,提供适宜性技术,有效地解决实际问题,推动以"需求"为导向的农业科技创新研究的形成,改善原来农业技术科研与生产脱节、供给与需求错位的状况,减少资源浪费。

(三)加速了农业科技成果的转化

农业创新经纪人更关注市场的变化与需求,尤其是市场型农业创新经纪人进行科技创新的动力直接来源于对经济收益的追求,而经济收益的获取则又取决于产品及其服务满足市场的程度,因此其科技创新活动从一开始就把市场的需要放

在第一位，根据市场信息和需求调整科技创新活动，保障科技成果的市场适应性、有效性。通过建立"政、产、学、研、农"共同参与的农业科技创新平台，将高新技术及理念融入产前、产中、产后的一体化经营中，通过直接对农户进行科技服务将先进的农业科学技术渗透到农业生产的诸多要素和生产活动的各个环节，从而实现了科技成果在实际生产中的转化。

（四）使农户真正受益于农业创新服务体系

首先，农业创新经纪人的创新服务行为增加了农户的家庭纯收入。农业创新经纪人将先进的农业知识和农业生产管理技术传递给农户，提高了农户自身的科技素养和种养殖生产管理能力，增加了农产品产量、提升了农产品质量，使农户获得更高的生产性收益；农业创新经纪人又通过产前、产中、产后等一系列统一化服务，改变了以往农户单独面对市场的弱势地位，提高了农户的议价能力，根据农户需求与市场需求，向上向下延伸产业链条，吸收农资经销公司，联系生产加工企业，产前与产中开展种子、农药、化肥等农资的购买服务，产后组织农产品的仓储、加工与销售，既降低了农户的生产成本和由农产品积压带来的经济损失，又提高了农产品价格。

其次，农业创新经纪人的科技服务行为提高了农民的整体素质。推动乡村振兴，繁荣农村经济，建设社会主义新农村，最根本的是要紧紧依靠科技进步和提高劳动者素质，特别是提高亿万农民的科技文化素质，只有大量的农业科技成果为农民所掌握和运用，才能转化成现实的生产力。各类农业创新经纪人都采取技术培训、资料发放、现场指导与实验示范等方式对农民进行多元化科技服务，这些科技培训、服务往往紧密结合农户的生产经营的项目，并根据实际生产需要和农时特点，传播新技术、新信息、新成果，解决生产经营中的现实问题，有很强的针对性和时效性，容易引起农民浓厚的学习兴趣。因此，农业创新经纪人在扩散了农业科技创新成果的同时，发展了农民教育，极大地提高了农民科学文化素质和劳动技能。

第二节 促进中国农业创新经纪人发展的几点思考

一、政府在促进农业创新经纪人发展中具有重要作用

在中国的农业生产和农村发展中,政府及各级职能部门的作用是不可忽视的,通过研究我们发现每个类型的农业创新经纪人产生和发展都与政府工作和政策环境密不可分。国家可以在立法规制、政策引导、财政援助、教育管理等方面向农业创新经纪人提供各种扶持。如科技特派员制度本身就是政府农村工作方式的转变和农业推广体系的革新;对于农民专业合作社,政府通过立法、组织合作社教育、提供各种优惠服务及财政援助、传播农业生产技术和管理知识等方面对合作社进行扶持和引导;对于高校等科研机构的地方试验站或基层科技服务机构,所在地区的地方政府也提供基础设施、工作协助等扶助。可以说,在中国目前的体制和国情下,政府干预是农业创新经纪人发展不可或缺的推动力量,政府通过政策引导、法律规章制度以及各种扶持项目、研究项目,不仅参与了农业创新经纪人的发展,而且成为其制定决策和发展方向的重要依据,进而影响农业创新经纪人自身结构设置、目标设定和功能塑造。

二、转变政府部门工作职能,由主导者变为协助者

在中国现代农业发展过程中的很长一个时期内,政府相关农业科技推广部门处于农业科技创新服务体系的主导地位,直到现在,在某些全国范围内的公益性重大农业技术推广工作也一直由政府相关部门负责。但是随着市场经济的深入和农业市场的繁荣,乡镇政府和基层农技推广站的科技服务作用却越来越低。一方面乡镇政府或者基层农技推广工作人员待遇有待提升,很多技术人员为了生计转行或兼职销售农资、领办合作社;另一方面基层农技推广人员要协助其他部门开展非农技服务的工作,如计生、防暑、防旱、统防统治等。然而通过走访调研我们发现,一些原本由政府农技推广部门负责的工作或者项目逐渐转移到利用农业企业或农民专业合作社的平台开展,以这些新型的农业生产经营主体为载体与农户进行沟通,同时引荐农业生产经营主体与科研主体进行联系,形成"政产学研

农"合作互动的工作机制。政府相关部门不仅为这些新型的农业生产经营主体提供优惠政策，而且通过连接功能扩展了他们获取知识信息的渠道，同时由于组织化的新型农业生产经营主体经扶持后变化明显，更加能够凸显政府相关部门的工作绩效，形成了一种双赢的局面。因此，应转变政府相关部门的工作职能，由原来农业技术推广体系的主导者，变为扶持多元化农业创新经纪人发展、促进新型农业科技创新服务体系构建的协助者。根据前文中农业创新经纪人发展过程中存在的问题，政府相关部门可以从以下三个方面帮助农业创新经纪人进行创新能力建设：

（一）完善金融服务和金融政策保障

第一，对于科技特派员：增加政府关于科技特派员研发、示范的专项经费，并加大项目扶持力度，同时完善科技特派员创业所能享受的国家优惠的政策，如税收减免，增加金融系统对于扶持科技特派员工作的优惠政策，如降低贷款利率等。第二，对于农民专业合作社：开发合作社内部资金聚集潜力，完善内部融资制度；加大政府支持力度，提供对农民专业合作社尤其是示范社的直接补贴，通过示范社带动更多合作社的发展；加大对农民专业合作社的信贷投放力度，将农民专业合作社也纳入信用考评体系，给予信誉高的农民专业合作社提供金融贷款优惠政策。第三，对于农业龙头企业：加大政府财政投入力度，对于规模较大、带动效应较好的龙头企业给予重点扶持，支持其开展生产基地的设施建设、新品种新技术引进示范和培训，帮助龙头企业拓宽融资渠道，加强金融机构尤其是涉农金融机构对龙头企业信贷政策的优化。

（二）构建培训体系，提高农业创新经纪人整体素质

第一，通过培训提高科技特派员的能力，围绕农业产业化加强对科技特派员创新管理和市场营销、企业管理等方面的知识讲授，集中办班组建科技特派员培训学院，开展科技特派员继续教育。第二，加强龙头企业信息管理、科技管理、企业管理、市场营销管理及信息化网络技术等培训，完善龙头企业基础设施和科技信息数据库，设立远程培训课程，提供信息咨询服务。第三，与地方农业高校

合作建立农民学校，设置科技、经营、管理、法律、信息技术等相关课程培训，培养乡村能人，提高以农民专业合作社和农资经销代理人为代表的农业创新经纪人的整体素质与能力，满足目前中国农业发展组织化、集约化对于人才的多元化需求。

（三）加强考评体系和监管措施

第一，完善科技特派员行为的考评体系。加强对于科技特派员工作的考核，通过座谈会、汇报、业绩档案等方式进行定期和不定期的抽查，加强年度考核，由派出单位和接收单位共同对科技特派员的工作进行考评和鉴定，将考核结果作为科技特派员晋升、晋级、评优的依据。第二，加强对于农民专业合作社的监管，尤其是申请国家项目或资金扶持的合作社，定时对申请政府项目或取得政府扶持的合作社进行考察和项目阶段跟踪调查，及时发现问题，并对没有按照规定执行政策的合作社采取惩罚措施，同时细化相关法律法规，防止农民专业合作社由于农业企业和乡村精英的力量过大而变为私人企业，或者产生假合作社现象和空壳合作社现象。

第三节 本书的创新与不足

一、本书的创新点

随着中国农业产业市场化、规模化、集约化的不断发展，传统的农业技术推广、市场化的农业科技中介服务等概念，已经不能全面概括中国目前农业发展中起到创新扩散作用的机构组织或个人，与以往关注自上而下的农业技术推广体系的相关研究不同，本书借鉴贺兰瓦赫宁根大学创新与传播研究团队的研究成果，结合中国农业科技传播与扩散的现状引入了一个新的概念，将这些参与农业创新扩散，并在技术研发者和技术应用者之间起到联通作用，帮助农业科技创新成果完成市场化应用的不同参与主体定义为"农业创新经纪人"，他们立足于农业生产经营者的现实需要，形成了自下而上的新型农业科技服务方式，本书在实地调研的基础上详细分析了中国农业创新经纪人直接面向农户的农业创新服务行为。

二、本书的不足

第一，在中国农业发展过程中，有许多机构与个人对农业科技创新扩散起到强化与促进作用，承担了农业创新经纪人的职能，但本书只列举了目前在中国农业产业发展中作用较为突出、形式较为普遍、与农户密切联系的几种类型进行分析阐述，在研究的广度上缺乏更为全面的分析。

第二，由于时间与精力有限，本书对于几种不同类型的农业创新经纪人的讨论主要集中在科技服务行为的动机、行动策略、社会作用三个方面，而对于不同类型的农业创新扩散效果、农户满意度评价等没有涉及，在研究的深度上还需要更为深入。

参考文献

［1］李建军，周津春.科学技术与农村发展政策［M］.北京：中国农业大学出版社，2012.

［2］李力.国家农业科技创新体系建设破题［N］.经济日报，2011-11-09（5）.

［3］农业部经管司经管总站研究小组.构建新型农业社会化服务体系初探［J］.农业经济问题，2012（4）：4-10.

［4］刘春香，闫国庆.中国农业技术创新成效研究［J］.农业经济问题，2012（2）：32-37.

［5］毛学峰，刘冬梅.服务体系、成果转化与农业科技创新波及［J］.改革，20129（2）：73-80.

［6］万宝瑞.实现农业科技创新的关键要抓好五大转变［J］.农业经济问题，2012，33（10）：4-7.

［7］人民日报，解读中央一号文件：打通农技推广"最后一公里"［EB/OL］.http//www.gov.cn/jrzg/2012-02/06/content_2058970.htm.2012-2-6/2013-4-15.

［8］霍文娟，李仕宝.中国农业科技创新存在的问题及对策［J］.农业科技管理，2006，25（2）：7-8.

［9］黄季焜，胡瑞法.完善农业科研改革促进农业科技创新［J］.农村工作通讯，2008（13）：18-20.

［10］黄钢，李颖，刘晓刚，等.转型期中国农业技术创新面临的突出矛盾与路径选择［J］.软科学，2009，23（10）：65-68.

［11］西奥多·W.舒尔茨.改造传统农业［M］.梁小民，译.北京：商务印书馆，2006.

［12］刘仁忠，罗军.中国农业科学技术发展的若干思考［J］.科技进步与对策，2003，20（3）：46-47.

［13］单玉丽.农业科技创新体系及运行机制的探索［J］.福建农业科技，2004

（03）：45-48.

[14] 陈水乡.农业科技创新体系建设的实践与探索[M].北京：中国农业出版社，2007.

[15] 王晓燕.浅谈农业科技创新的意义[J].农业经济，2008（12）：68-69.

[16] 张正河，王学勤.中国农业科技创新研究[J].北京：中国农业大学出版社，2009：4-6.

[17] 陈会英，周衍平.中国农业技术创新问题研究[J].农业经济问题，2002（8）：22-26.

[18] 高启杰.农业技术创新若干理论问题研究[J].南方经济，2004（7）：45-47.

[19] 白献晓，薛喜梅.农业技术创新主体的界定与特点分析[J].中国科技论坛，2003（6）：54-56.

[20] 熊银解，傅裕贵.农业技术：创新·扩散·管理[M].北京：中国农业出版社，2004.

[21] 黎世民，苏磊，赵博.试论中国农业科技创新的创新主体[J].农业科技管理，2008，27（6）：31-33.

[22] 杜金沛.农业创新主体的国家比较及其发展的主流趋势[J].科技进步与对策，2011，28（11）：19-22.

[23] 崔何瑞，赵黎明，张淑云.浅析农业科技创新及其发展对策[J].研究与发展管理，2004，16（2）：75-79.

[24] 左停，齐顾波，钟兵仿.农民参与式技术发展以及其中一些问题的讨论[J].农业技术经济，2003（1）：35-40.

[25] 顾淑林，魏勤芳，刘冬梅，等.如何构建中国的农业科技创新体系[J].中国科技论坛，2007（12）：3-8.

[26] 宋燕平，栾敬东.中国农业技术创新的三种模式分析[J].中国科技论坛，2004（9）：43-47.

[27] 高启杰.中国农业技术创新模式及其相关制度研究[J].中国农村观察，2004（2）：53-60.

[28] 吴新.农业高校+农业龙头企业：农业科技创新与推广的理想范式[J].

广东农业科学，2008（5）：116-119.

[29] 高启杰. 农业技术创新：理论模式与制度［M］. 贵阳：贵州科技出版社，2004.

[30] 李长健，朱梓其. 农业科技创新——构建和谐新农村的动力源［J］. 乡镇经济，2007（12）：44-47.

[31] 邵建成. 论农业技术创新的涵义、特征、行为主体及其相互关系［J］. 中国农学通报，2002，18（2）：103-106.

[32] 张莉，李小云. 从政治经纪人到发展经纪人［J］. 中国农业大学学报，2012，29（2）：49-56.

[33] Siu·H.F.Agents and Victims in South China：Accomplices in Rural Revolution［M］.New Haven：Yale University Press，1989.

[34] 杜赞奇. 文化、权力与国家：1900—1942年的华北农村［M］. 王福明，译. 南京：江苏人民出版社，1994.

[35] 罗沛霖，杨善华，程为敏. 当代中国农村的社会生活［M］. 北京：中国社会科学出版社，2005.

[36] Shue·V..The Reach of the State：Sketches of the Chinese Body Politics［M］. Palo Alto：Stanford University Press，1988.

[37] Jeanc·O..State and Peasant in Contemporary China-The Political Economy of Village Government［M］.Berkeley：California University Press，1989.

[38] 马明洁. 官僚经营者和社区经纪人［D］. 北京：北京大学，1996.

[39] 孙立平. 改革前后中国大陆国家、民间统治精英及民众间互动关系的演变［J］. 中国社会科学，1994.

[40] 韩晓翠. 中国农民组织化问题研究［D］. 山东：山东农业大学，2006.

[41] 徐红. 农户与市场的桥梁：农业经纪人［J］. 合作经济与科技，2006（21）：36-37.

[42] 肖云，张磊. 农村经纪人发展状况调查研究［J］. 经济纵横，2009（9）：79-82.

[43] 邵丽娜. 农业经纪人队伍的作用及其发展［J］. 安徽农业科学，2007,35(17)：

5313-5314.

[44] 周霞.中国农村经纪业发展问题研究[D].山东：山东农业大学，2010.

[45] 郭建平，王海平.目前我国农民经纪人的发展状况及其展望[J].山西农业大学学报，2005，4（4）：352-354.

[46] 孙凤.农村科技经纪人的角色扮演与功能演变[J].重庆社会科学，2011（4）：85-90.

[47] 翟印礼.做大做强农民科技经纪人队伍[J].农业经济，2004（06）：22-24.

[48] 肖云，王静.农业科技经纪人发展的障碍与对策[J].科技管理研究，2010（9）：34-37.

[49] 赵侠.加强农村经纪人队伍建设推动农业经济发展[J].农业经济，2004，（4）：48.

[50] 何慧丽.农民合作销售与村庄经纪人角色的冲突与调适[J].中国农业大学学报，24（2）：110-115.

[51] 邸颖，张宁.建设农村经纪人队伍活跃农村市场经济[J].农业经济，2008（6）：94-95.

[52] 叶敬忠，那鲲鹏.发展干预社会学研究综述[J].中国农业大学学报（社会科学版），2008，25（3）：46-54.

[53] 叶敬忠，李春艳.行动者为导向的发展社会学研究方法.贵州社会科学，2009，238（10）：72-79.

[54] 郭占锋.两种行动逻辑的遭遇[D].北京：中国农业大学，2011.

[55] 袁方主，王汉生.社会研究方法教程[M].北京：北京大学出版社，2004.

[56] 高燕，王毅杰.社会研究方法[M].北京：中国物价出版社，2002.

[57] 陈向明.质的研究方法与社会科学研究[M].北京：教育科学出版社，2000.

[58] 大卫·史密斯.创新[M].秦一琼，译.上海：上海财经大学出版社，2008.

[59] 埃弗雷特·M.罗杰斯.创新的扩散[M].辛欣，译.北京：中央编译出版社，2002.

[60] 梅丽莎·A.希林.技术创新的战略管理[M].谢伟,译.北京:清华大学出版社,2011.

[61] 王济民,刘春芳,申秋红.我国农业科技推广体系主要模式评价[J].农业经济问题,2009(2):48-53,111.

[62] 孙雄松,田兴国.建设与完善现代农业科技中介服务机构的思路与对策[J].中国高校科技与产业化,2008(3):50-51.

[63] 杨黛.论我国基层农业科技服务组织的特征与目标模式选择[J].社会科学辑刊,2005(4):195-197.

[64] 马松尧.科技中介在国家创新系统中的功能及其体系构建[J].中国软科学,2004(1):109-113,120.

[65] 张景安.关于我国科技中介组织发展的战略思考[J].中国软科学,2003(4):1-5.

[66] 张景安.我国科技中介组织的发展[J].中国信息导报,2003(8):10-14.

[67] 章敬平.南平寓言[M].杭州:浙江人民出版社,2004.

[68] 张来武.依靠创新驱动发展战略发展"新三农"[J].中国软科学,2014(01):6-10.

[69] 中央党校课题组,曾业松,赵建军.一个突破性的制度创新——中国农村科技特派员制度研究报告[J].中国农村科技,2009(6):60-63.

[70] 田何志,周宇英.国内主要省份农村科技特派员对比研究及对广东的启示[J].广东农业科学,2013,4(4):205-207,220.

[71] 傅晋华,王雅利.我国科技特派员农村科技创业机制研究[J].中国科技论坛,2012(7):137-141.

[72] 夏英,王震.科技特派员农村科技服务的绩效评价[J].科技管理研究,2013,33(21):54-60.

[73] 檀学文.宁夏科技特派员制度的机制与效果[J].中国农村经济,2007(4):60-68.

[74] 高彦鹏,曹方,陈秉谱.农业科技创新下科技特派员创业行为研究——基于经济学理论分析[J].甘肃科技,2013,29(10):1-4,15.

[75] 王喆, 吴飞鸣. 凝聚创新精英汇聚创业英才: 科技特派员农村科技创业典型事例汇编 [M]. 北京: 科学技术文献出版社, 2013.

[76] 简小鹰. 农业推广服务体系 [M]. 北京: 社会科学文献出版社, 2009.

[77] 张雨, 高峰, 刘智敏, 等. 科技特派员制度创新模式与机制研究 [J]. 农业经济问题, 2008 (S1): 59-63.

[78] 邱美琴, 李朝灿, 林铭沥, 等. 科技特派员创业体系构建与服务模式探讨 [J]. 农学学报, 2012, 2 (7): 72-78.

[79] 王震, 夏英. 科技特派员农业技术服务行为研究 [J]. 广东农业科学, 2013, 40 (18): 220-222, 233.

[80] 李芸, 夏英, 张伟宾. 科技特派员农村创业行为评价探讨 [J]. 农业经济问题, 2013, 34 (4): 88-94.

[81] 中共福建省委党校科技教研部课题组. 福建省南平市科技特派员制度的实践与思考 [J]. 中国科技论坛, 2007 (10): 117-121.

[82] 夏英, 王震. 农村科技特派员推广服务体系与传播机制分析 [J]. 农业经济问题, 2011, 32 (3): 31-34.

[83] 于鸷隆, 刘玉铭. 中国农村科技服务供给方式探析——以科技特派员制度为例 [J]. 中国行政管理, 2011 (4): 69-72.

[84] 王震. 科技特派员农村科技服务行为与体系建设研究 [D]. 北京: 中国农业科学院, 2012.

[85] 陆敏, 解翔. 加大科技特派员在促进新农村建设中的作用及发展对策研究 [J]. 科技管理研究, 2011 (11): 21-24.

[86] 张静, 张旭. 科技特派员发展存在的问题与对策 [J]. 安徽农业科学, 2013 (10): 4666-4667, 4685.

[87] 苑鹏. 农民专业合作社的多元化发展模式 [J]. 中国国情国力, 2014 (2): 19-21.

[88] 韩俊. 中国农民专业合作社调查 [M]. 上海: 上海远东出版社, 2007.

[89] 孔祥智. 对发展多类型合作社的若干思考 [J]. 中国农民合作社, 2013 (7): 26-28.

[90] 徐旭初，刘颖娴.略论农民合作社多元化发展态势［J］.中国农民合作社，2013（7）：29-31.

[91] 郑丹.农村科技合作社创建模式解析［J］.中国农学通报，2009，25（16）：338-342.

[92] 郑丹.农民专业合作社在科技推广中的作用机制及政策选择［J］.农业经济，2011（2）：11-13.

[93] 苑鹏.农业科技推广体系改革与创新［M］.北京：中国农业出版社，2006.

[94] 李建军，刘平.农村专业合作组织发展［M］.北京：中国农业大学出版社，2010.

[95] 彭莹莹.农民专业合作社企业家成长的制约因素及对策研究［J］.农业经济，2010（7）：71-73.

[96] 石绍宾.农民专业合作社与农业科技服务提供［J］.经济体制改革，2009（3）：94-98.

[97] 张丽华，林善浪，霍佳震.农业产业化经营关键因素分析——以广东温氏公司技术管理与内部价格结算为例［J］.管理世界，2011（3）：83-91.

[98] 姚建民，杨瑞平，卫一超.山西有个村级粮食规模经营合作社［J］.村委主任，2010（23）：36-38.

[99] 付会洋，姚建民，周学军.合作社为载体的科技推广对"三农"发展的影响［J］.山西农业科学，2012，40（3）：280-283，294.

[100] 苑鹏.农民专业合作社联合社发展的探析［J］.中国农村经济，2008（8）：44-51.

[101] 姜绍静，罗泮.以农民专业合作社为核心的农业科技服务体系构建研究［J］.中国科技论坛，2012（6）：126-131.

[102] 楼栋，孔祥智.合作社提供农业社会化服务的SWOT分析［J］.中国农民合作社，2013（9）：43-45.

[103] 刘同山，孔祥智.精英行为、制度创新与农民合作社成长［J］.商业研究，2014（5）：73-79.

[104] 门炜，任大鹏.外部资源对农民专业合作社发展的介入影响分析［J］.农业经济问题，2011（12）：29-34.

[105] 苑鹏，任广吉.合作社领办人在农民专业合作社发展中的作用初探［J］.中国农民合作社，2009（5）：23-25.

[106] 梁红卫.基于农民专业合作社的农业科技创新及转化［J］.社会科学家，2009（2）：69-72.

[107] 余守武，洪晓富，范天云，等.农民专业合作社的发展及其在农业科技推广中的作用［J］.中国农学通报，2009，25（5）：300-303.

[108] 窦鹏辉，陈诗波.多元化农技推广体系中农村合作经济组织的作用机理研究［J］.理论月刊，2011（8）：172-176.

[109] 舒欹，骆毅.中国农民专业合作社发展中的理事长影响力研究［J］.河南师范大学学报，2012，39（2）：130-133.

[110] 于凡，郭庆海.发挥农民合作组织的主体作用促进农业服务业发展［J］.农业经济，2012（2）：44-46.

[111] 庞晶.培育农民专业合作社社会资本的对策［J］.行政论坛，2013（4）：93-96.

[112] 廖媛红.农民专业合作社内部社会资本对成员满意度的影响［J］.经济社会体制比较，2012（5）：169-182.

[113] 任大鹏.合作社能力提升的方向［J］.中国农民合作社，2012（3）：34-35.

[114] 徐彬，揭筱纹.多元共生：农业科技企业技术创新的战略导向［J］.软科学，2010（7）：116-120.

[115] 邵喜武，郭庆海.农业产业化龙头企业技术推广的理论及其应用研究［J］.工业技术经济，2005（2）：37-39.

[116] 高启杰.农业推广组织创新研究［M］.北京：社会科学文献出版社，2009.

[117] 李菁，米薇.农业龙头企业在技术扩散中的作用与模式分析［J］.现代化农业，2009（9）：43-45.

[118] 龚继红，钟淑宝，孙剑.以龙头企业创新服务为中心的农村科技服务体系建设［J］.科技进步与对策，2005（3）：98-100.

[119] 张越杰，邵喜武. 吉林省农业产业化龙头企业技术推广的实证分析[J]. 农业经济问题，2004（12）：65-68.

[120] 王丽玲. 福建省农业产业化龙头企业技术创新的意义与做法[J]. 台湾农业探索，2005（2）：42-45.

[121] 史金善，季莉娅. 农业龙头企业技术创新扩散运行机制剖析[J]. 科技管理研究，2008（12）：484-486.

[122] 吴新. 农业高校+农业龙头企业：农业科技创新与推广的理想范式[J]. 广东农业科学，2008（5）：116-119.

[123] 蒋明忠. 建设社会主义新农村亟须农业科技创新——以嘉兴市为例[J]. 资料通讯，2006（3）：4-8.

[124] 李东，张淑云，陈曦，等. 河北省农业龙头企业技术推广现状与存在问题及对策[J]. 贵州农业科学，2011（4）：217-220.

[125] 胡浩民，李思思，向安强. 科技创新体系的多元联合互动逻辑——温氏集团科技创新发展的三重螺旋模型理论分析[J]. 科技管理研究，2011（3）：24-30.

[126] 唐仁华，黄文清，伍莺莺，等. 武汉市农业企业产、学、研合作现状调查及对策研究[J]. 湖北农业科学，2007（3）：321-325.

[127] 余靖静，王政. 中国农业科技成果转化率仅四成左右[EB/OL]. http://news.xinhuanet.com/fortune/2011-11/08/c_111153743.htm.

[128] 肖兰兰. 论农业企业的科技创新主体地位[J]. 江西农业大学学报（社会科学版），2013（3）：350-355.

[129] 杜金沛. 农业科技创新主体的国际比较及其发展的主流趋势[J]. 科技进步与对策，2011（11）：19-22.

[130] 苑鹏. "公司+合作社+农户"下的四种农业产业化经营模式探析——从农户福利改善的视角[J]. 中国合作经济，2013（7）：13-18.

[131] 郭晓鸣，廖祖君. 公司领办型合作社的形成机理与制度特征——以四川省邛崃市金利猪业合作社为例[J]. 中国农村观察，2010（5）：48-55.

[132] 谭铁安. 农资经销代理人应具备"三性"[J]. 农药市场信息，2012（23）：24.

[133] 厉金芹.村级农资经销商处境尴尬[J].农药市场信息,2010(16):21.

[134] 孙慕君.国内农资市场新格局[J].新农业,2011(10):44.

[135] 谭铁安.农资经销应实现"强强联合"[J].农药市场信息,2012(13):25-26.

[136] 姜南,赵铁飞,孙福堂,等.农资经销代理人农业科技培训的必然性及对策[J].现代农业科技,2010(23):35.

[137] 厉金芹.农资经销商能否搭上农技推广的快车道[J].农药市场信息,2012(8):22.

[138] 索爱萍,韩凤莲."农业科技超市"——乡村农技人员发展的新路[J].农民致富之友,2006(9):26.

[139] 刘光哲.以大学为依托的农业推广体系的构建[J].西北农林科技大学学报(社会科学版),2007,7(1):35-39.

[140] 聂海.建立以大学为依托的农业科技推广体系的思考[J].中国农业大学学报(社会科学版),2006(3):30-34,39.

[141] 胡俊鹏,高翔,张显,等.浅析大学农业技术推广创新体系的形成与发展[J].中国农学通报,2005(7):412-415.

[142] 王彦,徐创洲.刍议杨凌农业科技推广模式[J].安徽农业科学,2007,35(15):4636-4637.

[143] 陈奕,章家恩.社会主义新农村建设中的四种科技服务模式的比较与分析[J].科技管理研究,2008(5):46-47.

[144] 郭强,刘冬梅.对农业科技专家大院运行机制的思考[J].中国科技论坛,2013(10):99-104.

[145] 涂俊,吴贵生.农业科技推广体系的"三重螺旋"制度创新[J].研究与发展管理,2006,18(4):117-122.

[146] 赵园园.农村科技活动组织的模式与经验研究[J].科技管理研究,2008(8):44-47.

[147] 邵法焕.我国农业技术推广体系的改革创新与发展趋势[J].农村经济,2005(9):104-107.

[148] 范建. 农大南宁现代农业"科技小院"揭牌[N].科技日报,2012-12-19(8).

[149] 张宏彦,王冲,李晓林,等.全日制农业推广专业学位研究生"科技小院"培养模式探索[J].学位与研究生教育,2012(12):1-5.

[150] 赵怡,曹国鑫,牛新胜,等.农民对科技培训的兴趣及其行为分析[J].现代农村科技,2011(8):4-5.

[151] 杜晓文."科技小院"种出"滴灌菠萝""菠萝水肥一体化"项目试验成功[N].农资导报,2013-03-26(D3).

[152] 李争鸣,高启杰.大学农业技术推广组织模式创新的实证研究——基于中国农业大学曲周农业推广的调研[J].科技管理研究,2012,32(18):107-110.

[153] Roling·N..The Agricultural Research-Technology Transfer Interface: A Knowledge Systems Perspective[M].BOULDER,SAN FRANCISCO &LONDON: Westview Press,1990.

[154] FAO&World Bank.Agricultural Knowledge and Information System for Rural Development: Strategic Vision and Guiding Principles[M].Rome and Washington DC: FAO & World Bank, 2000.

[155] Ortiz·O..Evolution of Agricultural Extension and Information Dissemination in Peru: A Historical Perspective Focusing on Potato-related Pest Control[J].Agriculture and Human Values, 2006, 23: 477-489.

[156] Spielman,David·J..Innovation Systems Perspectives on Developing-country Agriculture[EB/OL].https://www.ifpri.org/publication/innovation-systems-perspectives-developing-country-agriculture.

[157] Dormon·E.N.A., Van·Huis·A., Leeuwis·C., etc..Causes of Low Productivity of Cocoa in Ghana: Farmers' Perspectives and Insights from Research and the Socio-olitical Establishment[J].NJAS-Wageningen Journal of Life Sciences.2004, 52(3-4): 237-259.

[158] Brooks·S., Loevinsohn·M..Shaping Agricultural Innovation Systems Responsive to Food Insecurity and Climate Change[J].Natural Resources

Forum.2011, 35（3）: 185–200.

[159] Klerkx·L.,Leeuwis·C., Aarts·N..Adaptive Management in Agricultural Innovation Systems: The Interactions between Innovation Networks and Their Environment[J].Agricultural Systems. 2010, 103: 390–400.

[160] Hounkonnou·D., Kossou·D., Kuyper·T.W., etc..An Innovation Systems Approach to Institutional Change: Smallholder Development in West Africa[J].Agricultural Systems. 2012, 108（5）: 74–83.

[161] Woodhill·J..Capacities for Institutional Innovation: A Complexity Perspective[J].IDS Bulletin.2010, 41（3）: 47–59.

[162] Rajalahti·R., Janssen·W., Pehu E..Agricultural Innovation Systems: From Diagnostics toward Operational Practices[M].The World Bank, 2008.

[163] The World Bank.Enhancing Agricultural Innovation: How to Go Beyond the Strengthening of Research Systems.The World Bank, 2006.

[164] Schut·M., Leeuwis·C., Klerkx·L..Advances in Knowledge Brokering in the Agricultural Sector: Towards Innovation System Facilitation[J].IDS Bulletin.2012, 43（5）: 53–60.

[165] Klerkx·L., Prasad·Pant·L., Leeuwis·C.,etc..Beyond the conventional boundaries of knowledge management: navigating the emergent pathways of learning and innovation for international development[J].Knowledge Management for Development Journal, 2011, 7(1): 1–7.

[166] Leeuwis·C., Aarts·N..Rethinking.Communication in Innovation Processes: Creating Space for Change in Complex Systems[J].Journal of agricultural education and extension, 2011, 17（1）: 21–36.

[167] Klerkx·L., Leeuwis·C..Operationalizing Demand-Driven Agricultural Research: Institutional Influences in a Public and Private System of Research Planning in The Netherlands[J].Journal of agricultural education and extension, 2009, 15（2）: 161–175.

[168] Klerkx·L.,Aarts·M.N.C.,Leeuwis·C..Dealing with incumbent regimes:

Deliberateness and serendipity of agency in rural innovation networks.In: Re-Inventing the Rural: Between the Social and the Natural [M] .Book of abstracts XXIII ESRS Congress, 2009-08-17/2009-08-21.

[169] Klerkx · L.,Leeuwis · C..Institutionalizing end-user demand steering in agricultural R&D: Farmer levy funding of R&D in The Netherlands [J] . Research Policy, 2008, 37 (3): 460-472.

[170] Klerkx · L.,Jansen · J..Building knowledge systems for sustainable agriculture: supporting private advisors to adequately address sustainable farm management in regular service contacts [J] .International Journal of Agricultural Sustainability, 2010, 8 (3): 148-163.

[171] Rajalahti · R..Promoting agricultural innovation systems approach: the way forward [EB/OL] .http//knowledge.cta.int/en/Dossiers/Demanding-Innovation/Innovation-systems/Articles/Promoting-Agricultural-Innovation-Systems-Approach-The-Way-Forward.

[172] Hall · A., Mytelka · L., Oyeyinka · B..Innovation systems: Implications for agricultural policy and practice [EB/OL] .http://www.cgiar-ilac.org/content/chapter-3-innovation-systems

[173] Clark · N..Innovation systems,institutional change and the new knowledge market: Implications for third world agricultural development [J] . Economics of innovation and new technology, 2002, 11 (4-5): 353-368.

[174] Temel · T., Janssen · W., Karimov · F..Systems analysis by graph theoretical techniques: Assessment of the agricultural innovation system of Azerbaijan [J] .Agricultural Systems, 2003 (77): 91-116.

[175] Rivera · W.M., Sulaiman · V.R..Extension: object of reform,engine for innovation [J] .Outlook on AGRICULTURE, 2009, 38 (3): 267-273.

[176] Anandajayasekeram · P., Davis · K.E., Workneh · S..Farmer Field Schools: An Alternative to Existing Extension Systems/Experience from Eastern and Southern Africa [J] .Journal of International Agricultural and Extension

Education, 2007,14（1）：81–93.

［177］Hellin·J..Agricultural Extension,Collective Action and Innovation Systems：Lessons on Network Brokering from Peru and Mexico［J］.Journal of Agricultural Education and Extension，2012，18（2）：141–159.

［178］Abbate·T.，Coppolino·R..Knowledge creation through knowledge brokers：some anecdotal evidence［J］.Journal of Management Control,2011,22（3）：359–371.

［179］Szogs·A..The Role of mediator organisations in the making of innovation systems in least developed countries［J］.International Journal of Technology and Globalisation，2008，4（3）：223–237.

［180］Perdomo·P.S.A.，Klerkx·L.，Leeuwis·C..Innovation brokers and their roles in value chain–network innovation：preliminary findings and a research agenda［J］.Innovation&Sustainable Development in Agriculture and Food，2010，2010–06–28/2010–07–01.

［181］Klerkx·L.，Leeuwis·C..Establishment and embedding of innovation brokers at different innovation system levels：Insights from the Dutch agricultural sector［J］.Technological Forecasting and Social Change，2009，76（6）：849–860.

［182］Klerkx·L.，Hall·A.，Leeuwis·C..Strengthening Agricultural Innovation Capacity：Are Innovation Brokers the Answer［J］.International Journal of Agricultural Resources，Governance and Ecology，2009，8（5/6）：409–438.

［183］Klerkx·L.，Leeuwis·C..Shaping Collective Functions in Privatized Agricultural Knowledge and Information Systems：The Positioning and Embedding of a Network Broker in the Dutch Dairy Sector［J］.Journal of agricultural education and extension，2009，15（1）：81–105.

［184］Klerkx·L.，Leeuwis·C..Emergence and embedding of innovation brokers in the agricultural innovation system［D］.Theory and practice of advisory work in a time of turbulences-proceedings XIX ESEE, Perugia: University of Perugia, 19th European Seminar on Extension Education, Assisi (Perugia), Italy, 2009-09-15/2009-09-19.

[185] Klerkx·L., Leeuwis·C..Balancing multiple interests: embedding innovation intermediation in the agricultural knowledge Infrastructure[J]. Technovation, 2008, 28(6): 364-378.

[186] Klerkx·L.,Gildemacher·P..The role of innovation brokers in agricultural innovation systems[M].World Bank-Agricultural Innovation Systems: An Investment Sourcebook, 2012: 211-230.

[187] Klerkx·L., Leeuwis·C..Matching demand and supply in the agricultural knowledge infrastructure: Experiences with innovation intermediaries[J]. Food Policy, 2008, 33(3): 260-276.

[188] Batterink·M.H., Wubben·E.F.M., Klerkx·L., etc..Orchestrating innovation networks: the case of innovation brokers in the agri-food sector[J]. Entrepreneurship and Regional Development, 2010, 22(1): 47-76.

[189] Paassen·A.V., Werkman·R.A., Berg·J., etc..Steingröver·E.G.The role of the agricultural knowledge brokers in enhancing innovation for sustainable development[J].ISDA conference "Innovation and Sustainable Development in Agriculture and Food", Montpellier, France, 2010-06-28/2010-07-01.

[190] Provan, K.G., Human, S.E..Organizational learning and the role of the network broker in small-firm manufacturing networks. in: Grandori, A.(eds.).Interfirm Networks: Organization and Industrial Competitiveness [M].London,Routledge,1999,185-207.

[191] Howells·J..Intermediation and the role of intermediaries in innovation[J]. Research Policy, 2006(35): 715-728.

[192] Malecki·E.J.,Tootle·D.M..The role of networks in small firm competitiveness[J].Technol,Manag,1996,11(1-2),43-57.

[193] Pittaway·L.,Robertson·M.,Munir·K.,etc..Networking and innovation: a

systematic review of the evidence［J］.Manag,2004,5-6（3-4）,137-168.

［194］Smart·P.,Bessant·J.,Gupta·A..Towards technological rules for designing innovation networks: a dynamic capabilities view［J］.Oper. Prod. Manage,2007,27（10）,1069-1092.

［195］Smits·R.,Kuhlmann·S..The rise of systemic instruments in innovation policy［J］.Foresight and Innovation Policy,2004,1（1/2）,4-30.

［196］Kingsley G.,Malecki E.J..Networking for competitiveness［J］.Small Bus. Econ,2004,23（1）,71-84.

［197］Provan·K.G.,Kenis·P..Modes of network governance: structure, management,and effectiveness［J］.Public Adm.Res.Theory,2008,18（2）,229-252.

［198］Johnson·W.H.A..Roles,resources and benefits of intermediate organizations supporting triple helix collaborative R&D: the case of Precarn［J］. Technovation,2008,28（8）,495-505.

［199］Sapsed·J.,Grantham·A.,DeFillippi·R..A bridge over troubled waters: bridging organisations and entrepreneurial opportunities in emerging sectors. Res［J］.Policy,2007,36（9）,1314-1334.

［200］Fuglsang·L.,Scheuer·J.D..Public-Private Innovation Networks: The Importance of Boundary Objects,Brokers and Platforms to Service Innovation ［M］.L.A.Macaulay et al.（eds.）,Case Studies in Service Innovation, Dusseldorf: Springer, 2012: 209-229.

［201］Kristjanson·P., Reid·R.S., Dickson·N., etc..Linking international agricultural research knowledge with action for sustainable development［J］. Proceedings of the National Academy of Sciences,2009,9（13）: 5047-5052.

［202］Shen·J., Cui·Z., Miao·Y., etc..Transforming agriculture in China: From solely high yield to both high yieldand high resource use efficiency［J］. Global Food Security, 2013, 2（1）: 1-8.

附　录

主要人物访谈提纲汇总

一、科技特派员访谈提纲

（1）受访人个人概况：年龄、学历、毕业院校、所学专业、大致工作经历（或创业经历）。

（2）何时成为特派员。

（3）属于哪一类特派员。

（4）对于特派员政策与发展的认知。

（5）自愿成为特派员的动机和原因。

（6）成为特派员以后的科技服务行为？成效如何？

（7）遇到过哪些困难？如何解决？得到了哪些人和部门的帮助？

（8）是否与其他部门或个人进行合作？合作方式是什么？

（9）成为特派员以后自身最大的收益是什么？

（10）目前面临的问题有哪些？

（11）对未来的展望和计划。

二、农业龙头企业管理人员访谈提纲

（1）受访人个人概况：年龄、学历、毕业院校、所学专业、大致工作经历。

（2）企业成立与发展的过程。

（3）企业员工构成：人数、学历、部门设置。

（4）企业不同发展阶段有哪些重要举措？

（5）不同发展阶段中遇到过哪些困难？如何解决？得到了哪些机构或个人的帮助？

（6）企业的科技服务方式有哪些？取得哪些成效？（请以具体案例进行说明）

（7）在企业的发展过程中与哪些机构和部门进行了合作？合作方式是什么？

（8）企业目前发展中存在的问题有哪些？

（9）企业未来的发展重点和计划。

三、农民专业合作社主要负责人访谈提纲

（1）受访人个人概况：年龄、学历、毕业院校、所学专业、大致工作经历。

（2）请简述合作社建立与发展的过程。

（3）第一批入社的社员情况。是如何动员农户加入合作社的？

（4）建立合作社过程中遇到哪些困难？来源于何处？具体情况？

（5）如何解决上述困难？得到了谁的帮助？结果如何？

（6）如何建立产品市场？建立市场过程中遇到什么问题，如何解决？

（7）主要推广采用了哪些农业技术和产品？技术有没有出现过问题？技术问题如何解决？合作社如何解决配套技术的需求？如何与技术提供者取得联系？如何推广配套技术？技术指导的工作由谁来负责？

（8）所推广的技术有没有特殊的配套农资设备需求？如果有是如何解决的？在谁的帮助下通过何种渠道获得？

（9）合作社现在的主要工作内容、成员构成、运营方式、服务方式、盈利方式？

（10）合作社取得了哪些成绩？为社员和村庄带来了哪些利益？

（11）合作社目前发展的SWOT（优势、劣势、风险、机会）分析。

（12）合作社未来的发展规划。

四、农资经销代理人访谈提纲

（1）受访人个人概况：年龄、学历、毕业院校、所学专业、大致工作经历。

（2）经营农资的大致经历，包括起因、开始、经过。

（3）发展过程中的关键事件。

（4）农资经营的平均投入与收益。

（5）经营过程中遇到过哪些困难？如何解决？获得了哪些部门或个人的

帮助？

（6）对于农资经销目前所处的政策环境和市场环境的认知。

（7）目前经营发展中存在的问题？打算如何应对？

（8）是否进行科技服务？科技服务的方式有哪些？（请以详细案例说明）

五、"科技小院"服务研究生访谈提纲

（1）受访人个人概况：年龄、所在学院、所学专业、大致服务经历。

（2）"科技小院"成立的原因和大致发展过程。

（3）您所在的地区有哪些科技服务的方式？（请列举具体案例）

（4）主要推广应用了哪些农业技术？

（5）您所在地区的"科技小院"目前取得了哪些工作成效？

（6）您认为"科技小院"的作用意义有哪些？

（7）"科技小院"目前存在的问题有哪些？

六、传统农业科技推广部门工作人员访谈提纲

（1）受访人个人大概情况：年龄、毕业学校、学习专业、大致工作经历。

（2）在您的经历中，推广站发生了哪些改革与变化？

（3）推广站的主要工作职能是什么？

（4）推广站具体的服务对象有哪些？请简要分类和评价。

（5）推广站有哪些服务内容？不同类型的服务对象分别最需要的内容？

（6）采取哪些服务方式？哪类服务方式针对不同的对象产生的效果比较好？针对不同对象好处各是什么？

（7）推广站为不同对象提供了哪些具体的帮助？产生了怎样的效果？（最好举例说明）

（8）在农技推广工作过程中遇到了哪些困难？如何解决上述困难？得到了哪些部门或个人的帮助？取得了怎样的结果？

（9）请简要评价一下现在的农业技术推广站（贡献、问题、优势、不足），请从自身角度对工作进行评价。